www.united-pc.eu

Flor d´Lonra

Häutungen der Liebe

Krisenreime

Inhalt

Teil 1 Erstarrung

Teil 2: Bewegung

Teil 3: Lösungen

Teil 1

Erstarrung

Spät erwacht

Wie kann ich um Verstehen bitten,
wenn ich es selber nicht versteh,
dass dunkle Mächte mich umglitten,
weshalb ich stets das Alte seh'.

Ich bin gefangen in Gefühlen,
die mir wohl schon ins Blut geschrieben.
Oft sitz ich zwischen allen Stühlen,
statt nah den Menschen, die mich lieben.

Zu angestrengt ich mich bewege
durch dieses Leben – ungehalten,
statt dass sich eigner Mut könnt regen,
um fröhlich Leben zu gestalten.

Ich klage an, um mich zu schonen,
statt mutig mir selbst zu gestehen,
dass sich mein Leben nicht muss lohnen,
es darf auch einfach nur geschehen.

Ich kann nur selber mich gestalten,
loslassen all der Bilder Kraft,
die mir das Leben nur erkalten,
statt sein zu lassen, was sein darf.

Dann fällt zusammen die Maskerade,
die ich mir nicht selbst angeschafft,
hab sie gepflegt auf meinem Pfade,
weit ab von wahrer Lebenskraft.

Jetzt will ich lassen, was gefangen
im falschen Bild gelung´nen Lebens,
um endlich dort anzugelangen,
wo gar nicht nötig all dies Streben.

Es ist der Weg des Losgelassen
von all den Bildern, die mich drängten
um auch die Tiefe zu erfassen,
die mir das Leben noch kann schenken.

Ich bitt´ euch alle um Verzeihung,
die mit mir meine Last ertragen,
noch bei mir sind in der Befreiung,
sie blieben da ohne Verzagen.

Ich weiß, wie sehr euch das bedrückte,
es war für mich nicht einsehbar,
ich hielt die Welt, meine verrückte,
für das, was auch für and´re wahr.

Jetzt steh´ ich da, ganz ohne Panzer,
der weder Schutz noch glänzend ist
und taste nach der Welt als ganzer
die unvertraut und fremd mir ist.

Ich lasse los, was meine Ahnen,
mir dereinst in die Wiege gaben,
und trolle mich von falschen Bahnen,
um niemals mehr mich einzugraben,

zu verstecken, was ich denk und fühl,
in einer Welt, die bloß verdrängt,

und mir ein Umfeld gibt, das kühl,
mein Herz verschließt und nicht verschenkt.

Den Weg heraus aus kaltem Alten,
der ist mir fremd, weil unvertraut.
Ich will ihn gehen und gestalten,
was ich mir niemals zugetraut.

Fürcht´ nicht, dass ich den Weg verlier
muss meine Herzenskraft nur spüren,
diese trag´ ich auch in mir,
sie wird mich schließlich zu mir führen.

„Komm, geht fort!"!

Dein Weglaufen lässt mich kalt,
ich werde auch ohne dich alt,
doch wirst du mir fehlen,
aber noch kannst du wählen:

Ob du ihn aufgibst, den Versuch
zu zweit zu finden, was auch du suchst:
Freiheit in der Bindung,
in Gemeinschaft Ich-Findung.

Ob du lieber alleine träumst
oder zu zweit den Weg freiräumst
von Altlasten des Lebens,
das wir gemeinsam anstreben.

Dein Weglaufen lässt mich kalt,
ich werde auch ohne dich alt,
doch wirst du mir fehlen,
aber noch kannst du wählen:

Ob du verzeihen und lieben willst,
oder bloß alte Wunden stillst,
mich anklagst und verdammst,
oder neu für uns entflammst –

nicht für *mich* und meine Weise,
sondern für *Dich* auf unserer Reise,
die ständig sich neu klären kann,
du meine Frau und ich dein Mann.

Dein Weglaufen lässt mich kalt,
ich werde auch ohne dich alt,
doch wirst du mir fehlen,
aber noch kannst du wählen:

Ob du den Dämon in Dir zähmst,
wie ich den meinen, der dich quält –
jeder alleine, aber doch zu zweit,
ankommen in dem was gar nicht weit:

die Liebe, ein Tanz, der ungeführt,
sich entfalten kann zu einer Kür
der Ruhe und Verbundenheit
auf uns'rem Wege aus der Zeit,

der gar nicht mehr lange dauern wird,

schon sehen wir, wie sich verliert,
die jugendliche Aufbruchskraft,
die immer wieder Neues schafft.

Dein Weglaufen lässt mich kalt,
ich werde auch ohne dich alt,
doch wirst du mir fehlen,
aber noch kannst du wählen:

Die kleinen Schritte der Liebe

Die Liebe kommt nur selten ganz zur Ruh.
Sie ängstigt uns und schließt die Seele zu.
Dann weilen wir geborgen,
geschützt und auch bestärkt
in alter Furcht, die uns das Herz beschwert.

> *Nur kleine Schritte öffnen uns zur Liebe:*
> *Drei vor und zwei zurück wir zögernd*
> *gehen.*
> *Oft sieht's so aus als ob wir stehen blieben,*
> *wo gerade dann kann wirklich viel*
> *geschehen!*

Das Gegenüber meistens wir nicht sehen,
erkennen nur, was uns dereinst gescheh'n.
Seh'n bloß, was wir erduldet,
aus früheren Zeiten geerbt:
die bitt're Angst, dass uns die Näh' versperrt.

Die Liebe ist nicht ständiges Gelingen,
nicht ew´ger Rausch bei Sommersonnenschein.
Bisweilen wir auch ringen,
betrübt und oft allein,
um zu vertiefen, was nur geht zu zwei´n.

Bisweilen sind auch unsere Zweifel groß,
dann zieht´s uns in den sicheren Schoß
der altbekannten Trauer,
dass alles doch nicht echt,
im Vorwurf wir versinken und im Pech.

Das Einzige, was zu tun uns wirklich bleibt,
ist nachzuspüren, was im Kern uns treibt,
wenn wir uns leicht bewegen,
auf ein anderes Ich zu,
nur niemals zu vergessen: Es ist ein Du.

Wandlungen der Liebe

Verwandlung ist des Lebens Kern,
auch wenn verweilen wir so gern.
Im Nicht-Erschrecken sich mir zeigt,
was sonst bloß im Verborgenen bleibt.

Es ist die Angst, die mir verhüllt,
wie du bei mir dich auch gefühlt,

nur ausgelöst durch mein Bestreben,
in Sicherheit mit dir zu leben.

Weshalb sollt´ ich die Klarheit meiden,
um weiterhin mit dir zu leiden –
an mir und unsrer Herzblockade,
die uns gefangen hält im Faden.

Verwandlung ist des Lebens Kern,
auch wenn verweilen wir so gern.
Im Nicht-Erschrecken sich mir zeigt,
was sonst bloß im Verborgenen bleibt.

Es geht auch anders, sag ich dir,
wenn ich nicht länger auf dich stier,
statt mein Gerümpel wegzuräumen,
um uns nicht weiter zu versäumen.

Wie dank ich dir für deinen Mut,
der nicht mehr schluckt, was tut nicht gut,
ohne sogleich davon zu rennen
und mich im Kern nicht zu erkennen.

Dämonen können wir vertreiben,
damit sich endlich uns kann zeigen,
wie uns´re Herzen sich begegnen –
entspannt in Freiheit sich bewegend.

Verwandlung ist des Lebens Kern,
auch wenn verweilen wir so gern.

Im Nicht-Erschrecken sich mir zeigt,
was sonst bloß im Verborgenen bleibt.

Umdeutung

Es scheint kein Weg mehr möglich,
alle Türen fallen zu.
Vergang'nes scheint unsäglich,
neu gedeutet von dem Du.

Panik mich im Herz erfasst,
deine Lieb' erscheint als Hass,
die Seele in Unruhe,
ganz barfuß ohne Schuhe

wandle ich auf steinigem Weg,
ermattet ich mich niederleg'.
Im Nirgendwo zu enden scheint
der Weg, der einst ein Ziel gemeint.

Ich blick' auf dich durch mein Gefühl,
erzeug mir Bilder, die ganz kühl
aus dem, was ich da spüre, purzeln
und mich verwunden an der Wurzel.

Über die Freundschaft 1

Im Herzen tief verbunden,
selbst wenn du im Erkunden,
auch unverstehbar dich bewegst,

bin ich an deiner Seite,
sorgend ich dich begleite,
wenn mutlos du dich niederlegst.

Meine Seele bei dir weile,
schreib ich auch keine Zeile,
auf der es um *mich* geht.

Ich kann bloß sehen, was *ich* spüre,
dies Sehen kann dich nicht berühren,
weil das Meine zwischen uns steht.

Wenn in Liebe ich bei dir bin,
wo du tastest nach dem Sinn
all dessen, was dich heftig trifft,

dann folge ich *deiner* Suche,
selbst wenn ich still verfluche,
dass Möglichkeiten du umschiffst.

Bei allem ist mir stets bewusst,
dass es nicht ist, wie es mir scheint.
Ganz ruhig werde ich in mir,
wenn mein Freund weint.

10.1.2018

Die Angst in Deinen Augen,
sie gilt nicht mir – ich weiß.
Und trotzdem muss *ich* taugen,
und mich bewegen leis´.

Es bricht mir oft das Herze,
weil niemals Du mir glaubst,
dass meiner Liebes-Kerze,
du nicht die Flamme raubst.

Was kannst du denn dafür,
dass du verloren warst,
bevor sich dir die Tür
zum Leben offenbart.

Du liebst als ging´s ums Leben,
als dürfte es nicht sein,
dass Zueinanderstreben
sei besser als allein.

Getrenntheit ist Zuhause,
und nicht zu eng darf´s sein.
Und ohne ein Gesause
kehrt keine Ruhe ein.

Die Ruhe ist die Sehnsucht,
die stets verzaubert neu.
Doch bleibt dir nur die Flucht,
vor Ankommen Du scheu.

Erinnerung an die Marie B.

*Überdichtung des Jahrhundertgedichts
„Erinnerungen an die Marie A"
von Bertolt Brecht*

An jenem Tag im Wonnemonat Mai
bewegten wir uns aufeinander zu.
Ich fühlte mich geblendet, tief geborgen,
meine Seele fand in deinen Armen Ruh.

Es war zunächst bloß eine Insel,
die zu erobern beide wir uns wagten,
doch war diese Insel auch ein Anfang
einer Begegnung, die uns begann zu tragen.

„Seit jener Zeit sind viele, viele Monde
geschwommen still hinunter und vorbei",
die Insel ist längst abgetragen
und fragst Du mich, was mit der Liebe sei.

So sag ich Dir: Sie hat sich still gewandelt
von Leidenschaft und tiefem Sehnen
zu einer Form des aufeinander Zählens
getragen von Vertrauen und Verstehen.

Der Wonnemonat Mai kommt immer wieder,
er ist auch uns ein treuer Freund.
Und unsere Liebe sich zart entfaltet

auch wenn´s bisweilen anders scheint.

Die Maigefühle sind schon längst vergangen,
doch sind wir heute Frau und Mann,
die einst eroberten eine Insel
noch immer leben in deren Bann.

passager, passager …

Passager, passager,
es geht zwar fort,
doch fällt es schwer.

Weil, wenn es da ist,
ist´s zerstörend,
nichts Vertrautem angehörend.

Brutal alles infrage stellend,
als sei nicht wahr:
die Liebe, die auch da.

Passager, passager –
bleib doch gleich fort,
komme gar nicht her.

Denn wenn es da ist,
geht die Liebe fort,
flieht an einen and´ren Ort.

Dann wird Schuld verteilt
und kalkuliert,
ob man gewinnt oder verliert.

Auch tritt man neu an and´re ran,
als sei das Neue nun real,
und das Gewesene ganz egal.

Irgendwann kehrt sie zwar wieder:
die Liebe, recht zerzaust,
weshalb du traurig auf sie schaust.

Passager, passager,
es geht zwar fort,
doch fällt es schwer.

Leben ohne Worte

Weniger bezeichnen
        wäre eine Befreiung für die Seele,
        die oft nicht weiß, ob der Begriff
        tatsächlich greift oder bloß verwechselt.

Weniger aussprechen
        wäre eine Chance für Veränderung,
        weil das Nichtausgesprochene

Optionen schafft für gemeinsame Suche.

Weniger erklären
        wäre schlau, weil wir es aufgeben,
        unsere Sicht der Begriffe
        dem Gegenüber aufzudrängen.

Weniger festgelegt,
        könnten wir freier atmen,
        weil wir uns nicht in den Ketten
        des einmal Gesagten verheddern würden.

Wäre es nicht menschlicher,
wie auch effektiver,
wenn wir schweigend
damit umzugehen lernen,
wie die Begriffe vom Gegenüber
gefüllt und gehandhabt werden?

Eigentlich schade

Schade, dass du gehen willst -
nicht zum ersten Mal.
Dadurch bleibt, was zwischen uns
nur "eigentlich" ein Ja.

Dabei hatten wir uns so
auf unser´n Weg gefreut,

den gemeinsam wir zu gehen
mich niemals hat gereut.

Vieles haben wir erreicht,
auf dem Weg zu zweit.
Immer wieder aufbrechend,
wenn der Weg auch weit.
Manchmal liefest du voran,
manchmal war es ich.
Jeder wie er wandern kann,
doch keiner nur für sich.

Wenn die Wanderung mal stockt
und einer will zurück.
Oder gar ein Abzweig lockt,
der verspricht mehr Glück.
dann setze dich und ruhe aus,
damit du nicht verlierst,
das Gefühl, wo du bist zu Haus
Und wo geliebt du wirst.

Gründe gab ich dir genug,
um eigentlich zu gehen.
Immer wieder fiel's mir schwer,
deine Trauer zu verstehen.
Deshalb ging ich nicht voran,
sondern hinter Dir her,
statt abzuwarten im Vertrauen,
das fiel mir einfach schwer.

Schade, dass du gehen willst,
immer wieder neu,

wo doch anders es auch ging,
wenn wir zwei zerstreu´n,
was als Bilder in uns lebt
zu der Liebe Tanz,
der doch nur gelingen kann,
In Nähe und Distanz.

In der Nähe ist's ein Ja,
in der Distanz auch Nein.
Deshalb bleibt ein Eigentlich,
das auch nicht zu klein,
weil da finden beide Platz,
das Ja und das Nein,
um zu tanzen diesen Tanz
einer Liebe, die auch frei.

Der Vorwurf

Der Vorwurf ist eine Abkürzung
auf dem Holzweg.
Er verführt uns zurück
in vertraute Gewissheiten
ohne Veränderung

Der Vorwurf ist ein Aufputscher.
Er betäubt eigene Zweifel
mit dem Gift der Berechtigung,
das zu tun, was uns in der vertrauten
Einsamkeit zurücklässt.

Der Vorwurf ist ein Wunsch,
den auszusprechen wir nicht wagen,
denn er würde uns etwas kosten,
was wir uns nicht trauen:
das Risiko der Begegnung.

Der Vorwurf ist kein Freund,
vielmehr Agent unseres Scheiterns.
Er hält uns gefangen in unserer Welt,
die uns vor der Liebe verschließt,
dem Besuch in der Welt des anderen.

Der Vorwurf ist ein Ausweichen
vor der Selbstverantwortung.
Sein Bruder ist die Umdeutung:
Was war, ist nicht so, wie bislang gemeint,
im Vorwurf wird es neu verkleidet.

Die Trance des Sagens –

Oder: Angewandte Hermeneutik

Das Gesagt ist nicht das Gemeinte
das Gesagte gibt sich fest und unverrückbar,
während das Gemeinte um das Gesagte
herumtänzelt,
beständig neue Worte hinzufügt
und sich dem Sagenden oft selbst nicht zeigt.

Wie kann ich Deinen Worten glauben,
wenn Dein Verhalten anderes mir zuruft?
Wie kann ich Deinen Worten glauben,
wenn sich ihr Gehalt durch mein Fühlen bestimmt?
Wie kann ich Deinen Worten glauben,
wenn sie meine Gefühle verletzen?

„Die Liebe braucht keine Worte" sagt man.
Worte können täuschen, traurig stimmen und
töten.
Ich glaube keinen Worten mehr,
sondern lese die Bewegung zwischen uns.

Wenn ich Dir begegne,
verändert das Gesagte seinen Sinn –
ganz gleich, welche Worte da zwischen uns stehen.
Wenn ich Dir begegne,
begleite ich dich in deinem Du.
Wenn ich Dir begegne,
öffnest du Dein Herz
und ich sehe,
was du meinst.

Mein Dämon

Den Dämon füttere ich nicht,
trotzdem überlebt er
und meldet sich,
immer dann, wenn ich
durch unbekanntes
Gelände gehen muss.

Er beeinflusst mein Denken,
indem er katastrophisiert,
Panik suggeriert,
wo die Gefahr doch nicht akut,
setzt er mein Leben
der Gefährdung aus.

Korinther-Blues

(Nach: Erster Korinther 13, 4-7)[1]

Langmütig ist die Liebe

---

[1] In der revidierten Lutherübersetzung lautet die Originalstelle im Korintherbrief: „Die Liebe ist langmütig und freundlich, die Liebe eifert nicht/ die Liebe treibt nicht Mutwillen, sie bläht sich nicht auf/ Sie verhält sich nicht ungehörig, sie sucht nicht das Ihre/ Sie lässt sich nicht erbittern, sie rechnet das Böse nicht zu/ Sie freut sich nicht über die Ungerechtigkeit, sie freut sich an der Wahrheit/ Sie erträgt alles, sie hofft alles, sie glaubt alles, sie duldet alles." (Quelle: https://www.bibleserver.com)

und freundlich obendrein.
Auch wenn es dich zerriebe,
Ereifern darf nicht sein.

Mutwillen nicht treibt,
wer aus tiefem Herzen liebt.
Auch wenn die Resonanz ausbleibt,
nicht aufbläht, was er gibt.

Auch ungehörig darf nicht sein,
was Liebe neu erschafft
Sie ist nur dann wirklich ganz rein,
wenn sie nicht an sich rafft.

Das Ihre, was sie selbstlos gibt,
vom anderen nicht erzwingt,
noch vor Erbitterung erbebt,
wenn Liebe ihm misslingt.

Nicht ungerecht soll Liebe sein,
sich an der Wahrheit freuen.
Dann wird ihr Mut, der oft so klein
auch schwere Zeit nicht scheuen.

Alles erträgt und hofft die Liebe,
sie erduldet auch ganz viel.
Selbst wenn sie ganz alleine bliebe,
niemals sie von sich abfiel.

Über die Freundschaft 2

Der Freund, der stumm bleibt,
ist vielleicht allein,
im Leben er sich aufreibt,
was leichter fiel zu zweien.

Er klaget nicht, lässt schweigend spüren,
dass er oft nicht mehr weiter weiß,
und hofft, dass eine seiner Türen,
den Weg zu seiner Sorg dir zeigt.

Du gehst vorbei, klopfst auch nicht an,
lässt ihn vereinzelt ganz bei sich.
Bald lässt er dich nicht mehr heran
an das, was ihm ins Herze sticht.

Dann ist vertan die große Chance,
auf Gleichklang und Begegnung gar.
Verpanzert und mit spitzer Lanze
vertreibt er, was im Keim einst war.

Bestätigt, was er stets „gewusst",
dass wahre Freundschaft nicht zu haben,
mit Menschen, die voll Eigenlust,
sich selbst bloß an der Tröstung laben.

Meine Melodie

Ich singe, weil ich noch lebe
und die Lebendigkeit spür´.
Meine Melodie kann mir geben,
was mich zu mir selbst führt.

Es gibt Tage, da bin ich verloren
im Dickicht der Mutlosigkeit.
Mein Herz ist dann fast ganz erfroren
kein Lachen und keine Freiheit

der Gedanken, auch nicht der Gefühle,
auch die Stunden ziehen sich hin.
Es ist so als ob in mir wühle
ein Ich, das gar nicht ich bin.

Ich singe, weil ich noch lebe
und die Lebendigkeit spür´.
Meine Melodie kann mir geben,
was mich zu mir selbst führt.

Doch bisweilen blüht in mir auf
ein präsentes und heiteres Sein.
Dann wird meines Lebens Lauf
plötzlich ruhig: Ich darf einfach sein.

Dadurch werd´ ich ein Teil von den andern,
die nicht länger bewundernd verharr´n,
sondern mit mir beginnen zu wandern
statt einfach mir fern zu erstarr´n.

Ich singe, weil ich noch lebe
und die Lebendigkeit spür´.
Meine Melodie kann mir geben,
was mich zu mir selbst führt.

Ach wie herrlich klingt dieses Lied,
welches meinem Herzen entspringt,
das nicht länger vor sich entflieht
sondern geöffnet zum Leben dringt.

Bis zum Ende all meiner Tage
trage ich jetzt mein Lied in mir.
Und lieg´ ich dereinst mal im Sarge
singt ihr, meine Freunde, es mir.

Nebelschwaden

Worte überstülpen Gefühle
Worte stolpern aus dem Herzen
Worte schaffen keine Ordnung
Worte klingen nach

Gefühle gaukeln inneres Terrain vor
Sie folgen einer geerbten Landkarte
Selten der aktuellen Topografie
Sie verstellen uns die direkten Wege

Vom Ich zum Du
Von mir zu mir
Vom heute zum morgen
Von der Angst zur Liebe

Dann sage ich, was ich immer schon wusste
Erkenne, was ich immer schon befürchtete
Fliehe vor dem, was mich immer schon ängstigte
Und verliere, was tatsächlich möglich wäre

Entliebter Mann

Siehst du dort den alten Mann[2]
mit müdem Blick er suchend schaut
nach dem, was ihm einst sicher schien,
was ein Zuhause ihm war.

Er torkelt durch die Tage nun
allein mit den Erinnerungen
findet keine Ruhe mehr
kein Platz mit Liebe gar.

Und du rufst ihm zu,
du habest dich entliebt,
und dass du lieber alleine wärst.

---

[2]   Nachempfunden dem Versmaß des von Roger
Whittaker getexteten und von Ralph McTell 1969 intonierten
Liedes „Streets of London"

Komm ich nehm´dich bei der Hand
und führe dich durch deine Straße
und zeige dir auf,
wo Liebe dich umfängt!

Siehst du dort den stillen Mann
der alles zu ertragen weiß
tapfer und geduldig
harrt er weiter aus.

Er sucht nach dem, was in ihm wirkt,
wenn Trauer ihn beherrschen will
erobert seine Stärke
und beschützt auch dein Zuhaus.

Und du rufst ihm zu,
du habest dich entliebt,
und dass du lieber alleine wärst.

Komm ich nehm´ dich bei der Hand
und führe dich durch deine Straße
und zeige dir auf,
wo Liebe dich umfängt!

Siehst du dort die alte Frau,
die ruhig ihren Mann begleitet,
tastend seine Hand berührt
und ihn zu führen weiß.

Alte Streits sind beigelegt,
weil Liebe sie entschärfen konnte
blicken sie zufrieden
auf das, was ihnen bleibt.

Und du rufst ihm zu,
du habest dich entliebt,
und dass du lieber alleine wärst.

Komm ich nehm´ dich bei der Hand
und führe dich durch deine Straße
und zeige dir auf,
wo Liebe dich umfängt!

Siehst du dort den Trauerzug,
der langsam durch den Friedhof zieht
um ihn zu begraben
den Menschen, den du geliebt.

Einsam ist er eingeschlafen
im Gedanken an sein Leben
auch an Dich er dachte
als keine Zeit mehr blieb.

Und du rufst ihm zu,
du habest dich entliebt,
und dass du lieber alleine wärst

Komm ich nehm´ dich bei der Hand
und führe dich durch deine Straße

und zeige dir auf,
wo Liebe dich umfängt!

Entgleiten

Du sagst, du würdest mir entgleiten,
doch wie soll das denn wirklich gehen?
Konnt´ ich dich doch bloß begleiten,
wenn Veränderungen geschehen.

Niemals besitzt man einen andern,
ist niemals sicher, was geschieht,
will der mal nicht mehr weiter wandern,
halte dich an in deiner Lieb´.

Auch umgekehrt gilt diese Einsicht:
Ich kann verändern, nur für mich,
was dir bisweilen stark ins Herz sticht,
nicht weil du drohst, nur freiwillig.

Dabei entgleite ich mir ganz,
verlasse, was bislang gegolten,
erfühle neu mich mit Substanz,
erfinde mich, wie ich es wollte.

In diesem schöpferischen Tun
entgleite ich mir selbst wie dir,
auch du verweilst nicht nur im Du,

bemüht darum nicht zu verlier´n.

Du torkelst und entgleitest dir,
fällst in das Nichts der Offenheit,
begegnend einem neuen Wir,
das möglich wär´ zu seiner Zeit.

Die Liebe ist ständiges Entgleiten,
verweilt nicht im entspannten Klang,
gleitend stets in neue Zeiten
getrieben oft, doch ohne Zwang.

Multiplizität

Du sprichst zu mir in vielen Stimmen -
bisweilen fremd und unerhört.
Dann wanke ich ganz tief im Innen -
Schmerzen fühlend und verstört.

Wohl soll man sich kein Bildnis machen,
doch wäre Sicherheit ganz schön.
damit im Schlafe, wie im Wachen
ich mich an Deine Treu´ gewöhn.

Die ist bedroht durch viele Stimmen,
vom Liebesschwur bis zum Weggehen.
Weshalb stets viele Feuer glimmen,
die mich verbrennen in der Seele.

Wie soll ich dir verständlich machen,
dass ich in Feuern stehen kann.
Mich schreckt nicht, willst du sie entfachen,
denn ich bin nun mal dein Mann.

Doch merk´ ich, wie es mich ermüdet,
wenn alles du verbrennen willst,
und dann auch im Vergangenen wütest
und das Gewesene zerknüllst.

Dann möchtest du mir alles nehmen,
was ich von dir geschenkt bekam.
Es droht mein Herz mir zu zerquälen,
auch meine Seelenkraft wird lahm.

Deshalb verschließe ich mich dann,
um nicht im Schmerze zu erschlaffen.
Ich bin dann oft nicht mehr dein Mann,
verstört in Angst und im Erraffen,

was keinen Sinn mehr hat, wenn dir
die Wirklichkeiten anders schienen –
als dem, der sie erlebt mit dir
ohne Worte vom Entfliehen.

Freigegeben

Man sagt, jeder Mensch kann sich
verändern,
um zu werden, wer er ist.
Überschreiten seine Ränder,
in der eigenen Lebensfrist.

Dann wird mein Licht hell scheinen,
neu durchspür ich, wer ich bin.
Nicht mehr dem, was andere meinen,
gebe ich den wahren Sinn.

Bin geworden, lang geblieben,
was die Kindheit mir gezeigt,
hab mich völlig aufgerieben,
damit ihr auch zufrieden bleibt.

Man sagt, jeder Mensch kann sich
verändern,
um zu werden, wer er ist.
Überschreiten seine Ränder,
in der eigenen Lebensfrist.

Las nicht heraus aus euren Sorgen:
„Ach, wie schön, dass es dich gibt!"
In Erwartungen geborgen,
wähnte ich mich auch geliebt.

Der Erfolg versprach Geliebtsein,

in ihm konntet ihr euch spüren -
dabei ging es nicht um Kindsein,
sondern bloß um Applaudieren.

Man sagt, jeder Mensch kann sich
verändern,
um zu werden, wer er ist.
Überschreiten seine Ränder,
in der eigenen Lebensfrist.

Jetzt bin ich Mann, doch kaum geborgen,
suche immer noch mein Licht.
Kann nicht sehen, ob´s ein Morgen
Für mich geben kann oder nicht.

Nur ganz zart ist diese Pflanze,
die in mir mich überwächst.
Es geht jetzt nicht mehr um das Ganze,
es geht bloß um ein Demnächst.

Spurensuche

Weit zurück in den Erinnerungen
beginnt die Spur irgendwo in Kampf und Schmerz.
Es ist nicht sicher, um wessen Wimmern es da
geht,
doch es ist deutlich vernehmbar.

Nicht freudiges Sehnen, Jauchzen und Begrüßen,
sondern Befürchtung, Bedrohung und Angst
stehen am Anfang alten Fühlens.
Die Welt wirkt unwirtlich.

Doch was kann die Welt dafür,
dass sie so in Erscheinung tritt?
Was konnten die Menschen dafür,
die mir neu begegneten?

Ich verstehe ihre Sehnsucht
nach entspanntem und heiterem Sein.
Es ist auch meine Sehnsucht.
Es wäre auch meine Erlösung.

Ich werde still und achtsam,
spüre meinen Anfängen nach,
tauche tief in das emotionale Dickicht zurück
und entwinde mich seinem Zerren.

Kann ich glauben,
dass ich nicht ins Nichts stürze,

wenn ich mich fallen lasse
in eine innere Einsamkeit,
          aus der Liebe erwächst?

?

In Frage stellen
in Frage gestellt
ohne Boden unter den Füßen
bodenlos

Verunsichert
ohne Sicherheit
die es sowieso nicht gibt
vertrauenslos

entliebt und entzaubert
so einfach geht das wohl
das Gegenüber
lieblos und kalt

Unerschrocken

Sie lässt sich nicht erschrecken,
meine Liebe, die dir gilt.
Niemals wird sie die Waffen strecken,
wenn Du entfliehst dem Bild,

welches sie sich von uns machte:
Einander mutig zugewandt,
das Kraft mir gibt und das ich achte
als Weisung ins Gelobte Land.

Nenn es naiv oder gar blind.
Ich seh´ mit anderen Augen Dich
als du dich siehst, wenn du als Kind
schutzlos neu suchst nach dem Licht.

Voll Liebe ruht mein Blick auf Dir
ich sehe, wie Du Dich neu suchst.
Dabei gilt manches Wort nicht mir
Auch wenn du mich damit verfluchst.

Ich warte ab und kann auch bleiben,
trag ich doch dieses Bild im Herzen,
ich seh´ dein Suchen, nicht mein Leiden
Und achte nicht auf eig´ne Schmerzen.

Hast Du auch selbst den Weg verloren
und willst in andere Richtung gehen,

spürst du doch: *Ich* bin auserkoren,
damit dir garnichts kann geschehen.

Heißt nicht, dass ich es nicht verstehe
oder nicht sehen kann, was ist.
Doch die Bedrängnis ich *nicht* sehe
in dem, was aktuell du willst.

Auch alte Bekannte sind dabei
und melden sich erneut zu Wort.
Dürfen sie entscheiden, was soll sein,
dann zieht's dich fort an anderen Ort,

an dem du nicht willst sein,
wenn du sie nicht entmachtest,
dann wiederholt sich von allein,
dass du ungeliebt verschmachtest.

Einsamer Morgen

Nur wenn alles sich verengt
auf den kleinen Punkt
des Ichs,

dann wird nicht länger vermengt
und verdunkelt dir
das Licht.

Klar siehst du dich in der Zeit,
die vergangen und noch bleibt
auch ohne dich.

Grenzen

Wenn Du Dich abgrenzt,
wirst Du sichtbarer für mich.

Wenn Du Dich selbst stärkst,
bist Du mir ein starkes Gegenüber.

Wenn Du Dich zurückziehst,
kann ich Dich neu finden.

Wenn Du mich zurückweist,
kann ich mich neu sammeln.

Denn
- ich sehe Dich gern klarer
- ich brauche ein Gegenüber
- ich mag mich nicht verlieren
- ich bin nicht Du

Carazon Espinado

Plötzlich der Stich ins Herz
von hinten
ohne Vorwarnung.

Seitdem einsame Panik
unter dem Damoklesschwert
eines angekündigten Endes

der erträumten Gewissheit
einer schützenden und
umfangenden Liebe:

Nichts erwarten
alles geben
Energie verbreiten

Frohsinn stiften
wo Trauer
das Herz regiert.

Das Schweigen der Liebe

Verspäteter Vorwurf
nicht zu entkräften
richtiger Adressat?
Ich nehme ihn an, den Vorwurf
Aus Liebe
nicht aus Schwäche.

Deine Suche
rührt mich
in ihrer Verzweiflung
selbst wenn du das Kind
mit dem Bade ausschüttest
wieder einmal.

Ich brauche kein Porzellan
alle Stücke
setze ich zusammen
zu einem neuen Bild
einer Liebe
ohne Bedingungen.

Dein Leben
darf gelingen
auch an meiner Seite
für deine Findung
hast du
alle Zeit der Welt.

Über die Freundschaft 3

Der wahre Freund ist stets auf deiner Seite,
hat keine eig´nen Interessen gar,
zu dem was dir entgleitet,
er nicht sagt, was falsch oder wahr.

Er weiß um deine Seelenqualen,
ist bei dir, reicht dir still die Hand.
Mit Liebe seine Augen strahlen,
wenn er dich langsam zieht vom Rand.

Es geht allein ihm um Präsentsein
und deiner eigenen Seele Kraft,
er niemals mischt auch nur ein Quäntlein
eigenen Stoffes in den Saft,

den er dir zur Beruhigung reicht
wohl wissend dass dieser dich stärkt.
Danach ist zwar nicht alles leicht,
doch gehst du anders dann zu Werk.

Über die Freundschaft 4

Der wahre Freund glaubt keinen Beurteilungen,
er lauscht vielmehr auf das zuvor Gesagte,
hört das nicht mehr Erwähnte
lauscht auf die Stimmen anderer,

die in dem Gesagten mitschwingen.
Er nimmt dich in den Arm,
wenn Du in der Kakophonie
in Trauer versinkst.

Er schützt dich
vor bequemer Schuldzuweisung
und plötzlicher Bedrohtheit,
wenn du in Gefahr bist.

Meine drei Kränkungen

Drei Kränkungen trage ich in mir:
Die des Unvorhersagbaren,
die der Schuldzuschreibung
die der Oberflächlichkeit.

Das Unvorhersagbare kann auch schicksalhaft sein
für den, der liebt und sein Leben auf
die Gültigkeit und das Andauern bestimmter
Gefühle gründet:

Blutend sinkt seine Seele zu Boden,
wenn Unvorhersagbares geschieht
und Liebe sich abwendet.

Die Schuldzuschreibung ist ein Ablenkungsgetöse
Doch sie trifft den Zurückgewiesenen im Kern.
Er selbst wird als Vater seines Unglücks dargestellt:
selbstgemacht, verdient und bedauerlich –
ein zynisches Gebräu, welches ihm da serviert wird
– ein Schierlingsbecher zum Zurückweisen.

Die Oberflächlichkeit ist die größte Wunde.
Sie ist Ausdruck von Gedankenlosigkeit,
Lieblosigkeit und durchschaubarem
Opportunismus.
„Wahr" ist das, was einem nützt –
ohne Rücksicht auf Verluste
und ohne nach denen am Rand zu schauen.

Das Gemeinte

Das Gemeinte ist nicht das Gesagte.
gemeint ist auch das Ungesagte,
auch das nicht mehr Gesagte
oder noch nie Gesagte,

das Eingeflüsterte,
Übernommene und
Projizierte –

sie alle
fließen in die Sätze
und zeigen uns,
was gemeint
sein könnte.

Freiheit

Freiheit heißt der neue Zauber,
der alles zu durchdringen scheint.
Ungeklärt dabei die Fragen
„Freiheit wovon?" und
„Freiheit wozu?"

Ich kann dir weder das Wovon,
noch das Wozu stiften –
selbst, wenn du es bei mir suchst.
Hier lasse ich es dich
nicht finden,
wo doch schon
deine Suche
voller
Annahmen
daher kommt,
die mich überfordern,
überfordern müssen.

Mut

Liebe braucht Mut,
um dunkle Phasen
zu überstehen

in denen
Wege verbaut
zu sein scheinen:
blockiert –
kein Vorwärts
kein Zurück

Übermut kann helfen,
er schöpft seine Kraft
aus dem Möglichen
und noch nicht Wirklichen,
dem, was sein könnte,
er lässt die
Perspektivlosigkeit
verhungern.

Und siehe da:
Mut und Übermut
können einladen
und mitreißen
in eine Bewegung
aus der heraus
die Liebe
neu entsteht.

Andre sein?

Andre sind stets zugewandt[3]
Charmant und voll Esprit
Doch wenn du sie im Herzen suchst
Dann findest du sie nie.

Sie öffnen dir die Auto-Tür
Und gerne steigst du ein.
Doch schon nach einer halben Stunde
Schläfst du bei ihnen ein.

> Du kannst ihnen „nöd begegne", „nöd begegne".
> Jammer doch zum Teufel, bete zum lieben Gott.
> Du kannst ihnen „nöd begegne", „nöd begegne".

Andre blicken tief dich an
Und halten Blickkontakt
Selbst wenn sie betrunken sind
Reißt dieser niemals ab.

Sie sind auch recht präsent
Und du platzt vor Energie

---

[3] Überdichtung des Songs von Georg Ringsgwandl „Nix mitnehma" (1989) (http://www.ringsgwandel.com/text15.htm.), bei welchem es sich um eine bayerische Vertextung des Bob Dylan-Songs „Gotta serve somebody" (1979) (bobdylan.com) handelt.

Halt das mal drei Wochen aus
Dann „bischt du richtig hi".

      Du kannst ihnen „nöd begegne", „nöd
      begegne".
      Jammer doch zum Teufel, bete zum lieben
      Gott.
      Du kannst ihnen „nöd begegne", „nöd
      begegne".

Andre leben in Baumärkten
Und kennen sich da aus
Doch willst du ihre Seele finden
Dann ist die nicht zuhaus.

Sie können Löcher bohren
Und verputzen obendrein
Sie halten ihre Kelle fest
Und mauern sich fest ein.

      Du kannst ihnen „nod begegne", „nöd
      begegne".
      Jammer doch zum Teufel, bete zum lieben
      Gott.
      Du kannst ihnen „nöd begegne", „nöd
      begegne".

Andre sind echte Begleiter
Die gerne Bummeln gehen
Doch im wahren Leben
Lassen sie dich stehen.

Sie fragen ständig nach
und sind mit dir im Flow.
Doch fragst du, wer sie wirklich sind
Dann ist da wenig do.

> Du kannst ihnen „nöd begegne", „nöd
> begegne".
> Jammer doch zum Teufel, bete zum lieben
> Gott.
> Du kannst ihnen „nöd begegne", „nöd
> begegne".

Ich kann all dies nicht,
Zumindest nicht in Perfektion.
Doch ich bin bei dir.
Mit der Seele ich bei dir wohn.

> Mir kannst du „tief begegne", „tief
> begegne".
> Jammer doch zum Teufel, bete zum lieben
> Gott.
> Mir kannst du „tief begegne", „tief
> begegne".

Ich muss auch gar nicht anders sein,
nur mehr ich selbst vielleicht.
Damit du stärker fühlst:
„Mit dem ist´s tief *und* leicht".

Zudem kann ich Dinge,
die mich besonders machen.
Auch lernen könnt ich noch,

etwas häufiger zu lachen

> Mir kannst du „tief begegne", „tief
> begegne".
> Jammer doch zum Teufel, bete zum lieben
> Gott.
> Mir kannst du „tief begegne", „tief
> begegne".

Es darf auch mal ok sein,
gerade so wie es jetzt ist.
Auch „unperfekt" ist geil,
weil du dies auch bloß bist.

> Dir kann man „tief begegne", „tief
> begegne".
> Jammer doch zum Teufel, bete zum lieben
> Gott.
> Mir kannst du „tief begegne", „tief
> begegne".

Anleitung für tiefe Gespräche

Entleere dich
vor der Kontaktaufnahme
von Eigenem,
was in dir zum
Ausdruck drängt!

Stelle dir vor,
was das Gegenüber
gerade umtreibt!

Frage behutsam nach,
wo es steht
und wie es ihm geht!

Sammle
Ichauskünfte
Ohne zu reagieren!

Signalisiere allenfalls,
dass du richtig
verstanden hast!

Gib zu erkennen,
dass du seine Gefühle
nachvollziehen kannst!

Gib nur
erbetene Antworten
oder Beurteilungen ab!

Sei in der Tendenz
eher schweigend,
allenfalls fragend!

Wenn das Gegenüber
entspannt seinen Kopf
an deine Schulter legt

... dann bist du in einem tiefen Gespräch,
obwohl du selbst nichts mitgeteilt hast!

Wenn die Liebe geht

Wenn die Liebe geht,
kann sie sich erholen.
Es ist nicht zu spät,
um zu wiederholen:

nicht das allzu Schwere
das, den Mut zerfraß,
sondern eine Sphäre,
die im Andern las,

was er für sich sucht
um voran zu treiben,
und nicht mehr verflucht,
um allein zu bleiben.

Ja, es ist ein Fluch,
der aus unserer Seele,
ständig neu versucht,
Besseres zu wählen.

Chronisch unzufrieden
nach Idealen strebt,
wo doch nur gemieden,
was Beziehung lebt.

Wenn die Liebe geht,

kann sie sich erholen.
neu entfacht sie dann
in Freude unverhohlen.

Ambivalenz 1

Wie soll ich Dir verständlich machen,
dass du als zweifach oft mir scheinst.
Du sagst dann all die schlimmen Sachen
voll Hass, die Du doch nicht meinst.

Ganz plötzlich ist dein Seelenwandel,
oft tast ich mühsam mich voran.
Mit meiner Weisheit oft am Rande,
bin ich doch irgendwie Dein Mann.

Wo gestern Innigkeitsversprechen
und Sicherheit „Ich bleib all Tag",
willst Du die Ehe jetzt zerbrechen,
und sticht ins Herz mir, was gesagt.

Zugleich ein Anderer am Rande,
wie Du verrätst, was einzig war,
er ist es, für den Du die Bande,
zerschneidest, damit Neues da.

Du willst allein Dein Leben leben,
das ist es doch, was dich bewegt,
ich laufe irgendwie daneben,
während in dir sich „Leben" regt.

Dies ist ein Leben ohne mich,
Du schneidest es dir hart heraus.
Verloren hab´ ich „Du und ich",
es gibt nicht mehr ein „Komm nach haus".

Ich kann nur warten auf die Liebe,
die selten von Dir fließt zu mir,
es ist als würden harte Hiebe
zerschlagen, was einst nur mit Dir.

Ich warte nicht, das sollst Du wissen,
zu grund- und hemmungslos du schlägst.
Du wirst dereinst voll Schmerz vermissen,
was achtlos du zur Seite fegst.

Warten

Ja, ich warte ab,
was deine Suche bringt
wie du brichst den Stab
über das, was uns gelingt.

Selbst, wenn du nicht siehst,
wie du dich wiederholst,
auch bei mir dem fliehst,
was du dereinst nicht gewollt.

Du folgst Gefühlen,

die gar nicht deine sind,
zwischen allen Stühlen
sitzend noch als kleines Kind.

Ich sehe die Trauer
deiner Kinderaugen,
ständig auf der Lauer
Gefährdendes ansaugen.

Zwar nicht gegeben,
sondern bloß konstruiert,
doch lähmt es Dein Leben
weil deine Seele erfriert.

Was mir einzig bleibt,
ist an mir zu wandeln,
was dich in Ängste treibt,
statt mit mir anzubandeln.

Wie ich leben kann,
wenn du mich aussortierst?
Fühle mich als dein Mann,
kann dich doch nicht verlieren.

Das authentische Ich

Es sitzt in sich versunken
Von keiner Sorge trunken
Voll Achtsamkeit beobachtend
Keine Erinnerung entfachend

Es weiß, dass alles nur im Jetzt
Sich versöhnt oder verletzt
Man selbst nicht Ursache kann sein
Wenn and´re fühlen sich allein

Auch Liebe es nicht kann erzeugen
kann bloß den eigenen Nacken beugen
Damit sie findet keinen Grund
Für ihren inneren Abgrund

Der sich tut in der Seele auf
Gefühle nehmen ihren Lauf
Gestiftet von inneren Bildern
Die das Empfinden bloß verwildern

Verantwortung dann rasch geklärt
Auch wenn der Schurke sich noch wehrt
Entlastend sind die Projektionen
Da kann sich auch ein Partner lohnen

Nur Klärung gibt es nicht, nicht Liebe
Damit auch schön alleine bliebe
Wer ohnehin nicht kann vertrauen
Der kann auf sich allein nur bauen

Da stört es, wenn des Lebens Bahn
Einem gestiftet einen Mann
Der fraglos sich zu dir bekennt
Vor Projektionen nicht wegrennt

Er leidet – ja, das ist wohl wahr
Authentisch hat er es ganz klar
Dass dieses Tun nicht ihm gebührt
Die Liebe hält ihn und ihn rührt

Die Liebe weiß, es ist nicht echt
Wie du dann redest alles schlecht
Was war und sein kann nur zweit
Er hält es aus und ist bereit

Dich zu begleiten beim Versuch
Dich zu entwinden von dem Fluch
Den du noch nicht im Blicke hast
Er ist derweilen bloß dein Gast

Im Kerne ihn das auch nicht ficht
Ist er doch ein „Krieger des Lichts"
Der nicht nach Eigenem nur trachtet
auf den geliebten Menschen achtet

Die Kraft des Beginns

Weißt du noch,
wie ich zum ersten Mal dich sah?
Weißt du noch,
wie plötzlich wir einander nah?

Wie unsre Blicke, bereits wussten,
dass da Liebe neu beginnt.
Wie wir durch Berührung spürten,
dass ganz viel in uns glimmt

Weißt du noch,
wie ich zum ersten Mal dir nah?
Wir einander berührten
Und kaum merkten, was geschah?

Wie unsre Lippen sich berührten
wir versanken im Augenblick.
Wie unsere Zärtlichkeit
uns mit der Zeit verwob geschickt?

Weißt du noch,
wie ganz allmählich mehr entstand?
Weißt du noch,
wie du mich nahmst an deiner Hand?

Um eine Zukunft zu gestalten,
die zunächst kaum möglich schien.
Du warst viel sicherer als ich
Und viel Zeit ging dahin.

Doch es gibt da einen Kern,
der immer fest zusammenhielt,
der auch, wenn wir uns mal stritten,
nie nach andern Möglichkeiten schielt.

Weißt du noch,
wie wir uns immer wieder fanden?
Weißt Du noch,
wie viele Ängste wir ausstanden?

Bis wir endlich angekommen
Dort, wo Seele sich berühren,
und nach langem Kampf
endlich geöffnet einander spüren.

Der Krieger des Lichts

Der Krieger des Lichts
hat Ruhe gefunden
nach seiner Niederlage.

Seine Waffen
aus der Hand geschlagen
allein mit dem Sinn.

Wozu kämpfen?
Wozu beeinflussen?
Wozu Recht haben?

Sein Herz durchdrungen
von der Einsicht,

dass das Gesagte
nicht das Gemeinte ist.

Auch hoffend beeinflussen
und liebend steuernd
können nichts bewirken:
Es ist, wie es ist.

Der geliebte Mensch
folgt eigener Gewissheit
und sieht nicht,
was er mit dir wiederholt,

um sich selbst
vertraut zu bleiben
und das Leben zu spüren,
welches er aushalten kann.

Der Krieger des Lichts
hat aufgegeben
und ist bei sich angekommen:

bei seinen
in sich kreisenden
Bemühungen um Verstehen

bei seinen Versuchen,
sich selbst zu beruhigen
in eigener Gewissheit

bei seiner
stillen Liebe

Let it be

Wenn erschöpft ich meine
Kraft verlier[4],
eine Stimme ist in mir
und spricht mit leisen
Worten:
Lass es gehen!

Wenn Dunkelheit mich
ganz umfängt,
sie ihre tiefe Kraft mir
schenkt
und spricht mit leisen
Worten:
Lass es gehen!

Lass es gehen, lass es
gehen …

Auch wenn die alten
Ängste lärmen
und vom anderen mich
entfernen
flüstert diese Stimme:
Lasse es gehen!

Wenn meine Hoffnungen
vergehen

---

[4]   Übertextung des Beatles-Songs „Let it be" (1970)

und ich es nicht mehr
kann verstehen
ruhig die Stimme sagt:
Lass es gehen!

Lass es gehen, lasse es
gehen ...

Wenn mir meine Vision
entgleitet
und Liebe den Kontakt
vermeidet
rät mir diese Stimme:
Lass es gehen!

Ich wache auf, Musik im
Herzen,
hab´ vergessen meine
Schmerzen
Folge meiner Stimme
und lass sie gehen!

Als ob

Vom „Als ob" kann Heilung uns ereilen,
nicht vom Verstehen und Erklären.
Nur das vermag uns tief zu heilen,
was nicht Beschwerden will vermehren.

Ich hab begonnen, ein Ideal zu zeichnen,
das zwar nicht wahr, doch möglich ist,
ihm wird bereits in Bälde weichen,
was jetzt fast allen Mut mir frisst

Ich sehe eine Liebe, die zugewandt und zart,
mich immer wieder neu umfängt
Dann wieder loslässt gar nicht hart,
bis sie sich wieder neu mir schenkt.

Ich sehe, wie aus Freiheit sich verbindet,
was auch gerne in Distanz verharrt.
Als ob nur dann sich wirklich findet,
was sonst so leicht zu zweit erstarrt.

Ich sehe, wie sich alles löst
und ich dabei mich neu gewinn.
Auch wenn er an die Grenzen stößt,
ich spüre ihn, den tief'ren Sinn.

I have a dream

Im Traum begegne ich dir
Deine große Freude gilt mir
Ich umarme Dich
Du küsst mich

Alles geschieht spontan
Wir ziehen einander an
Nichts mischt sich ein
Alles kann freiwillig sein

Bin ich fort, vermisst du mich
Machst an jeden Tag ´nen Strich
Um zu kürzen diese Zeit
In der ich weile von dir weit

Zwischen uns tiefes Vertrauen
Auf das sicher man kann bauen
Ein Konzept des Lebens gar
Ganz egal was auch geschah

Du bist sicher mir verbunden
Wir gestalten alle Runden
Die das Leben uns bereitet
Während sich das Herz uns weitet

Kannst dich freuen an dem Leben
Brauchst nicht wiederzubeleben
Was im tiefen Herz du kennst:
Gründe damit du wegrennst

Wovor willst du denn auch fliehen
Was vermeiden mit dem Ziehen
Dass nicht gut sein darf, was da
Ganz egal, was auch geschah

Kein Gedanke an ein Ende
Nicht an die extreme Wende
Voneinander gar getrennt
Während unsere Zeit verbrennt

Immer wieder neu beginnen
Wenn die Tage auch verrinnen
Fortschritt ist nicht angesagt
Begegnung ist genug gewahrt

Der richtige Zeitpunkt
darf nie sein

Den richtigen Zeitpunkt, gibt es den?
An dem auch endlich darf geschehen,
was so lange bloß Projekt
herbeigesehnt, doch nicht vollstreckt?

Nicht der Zeitpunkt ist entscheidend,
vielmehr die Frage: Willst du leidend
voller Pläne dereinst gehen
oder darf noch was geschehen.

Begegnung gar oder Vertiefung
Frei von Bildern der Verführung
Oder gar des Übergreifens

Die der Grund sind für dein Kneifen.

Immer neu du inszenierst,
Gründe womit du verlierst
Das, was dir der andere gibt,
aus seinem Herzen ungeliebt.

Wenn er gar enttäuschungsfest
Dir viel Raum fürs Suchen lässt,
kannst du nicht sehen seine Liebe,
verstehst nicht, warum er gern bliebe.

Du jagst ihn fort, vergraulst ihn gar
Und damit ist mal wieder klar:
Auf Männer kann man gar nicht bauen
Ist er doch schließlich abgehauen.

Meine Liebe sich erschöpft
Weil du so häufig zugeknöpft
Nicht um Reflexion bestrebt
Nur im Vorwurf hast gelebt.

Kontemplation

Gedanke, wo kommst du her?
Was trägst du im Gepäck?
Auch fällt es mir echt schwer,
zu erkennen, was du versteckst.

Vor allem verstellst du andere,
die zu denken möglich wären,
wenn ich mit ihnen wanderte
statt bloß mit den schweren.

Doch hab ich es zu spät gemerkt:
Gedanken klopfen selten an.
Erst als sie sich zur Trance verstärkt,
griff ich frontal sie an

Versuche anderes zu denken,
vielleicht auch gar nicht, muss mal sehen,
um mir mehr Möglichkeit zu schenken,
als dass das Alte muss geschehen.

Wie schaltet man Gedanken aus,
wie and're voller Absicht an?
Imaginiere, was deinem Haus,
Glück und Frieden bringen kann.

Denke dies am Tag zuerst,
bevor du in den Alltag stürzt,
damit du aus dem Muster fährst,
bevor das Muster dich verführt.

Gefühl, warum ergreifst du mich
und trübst mir meine Sinne.
Doch lässt du mich sofort im Stich,
wenn ich mich noch besinne.

Gefühle schleichen heimlich sich
von seitwärts an dein Herz heran.
Dann dimmen sie dein Lebenslicht
und beengen das, was auch sein kann.

Spät erwacht 2

Genaues kann ich nicht erinnern,
ich spüre nur die Spur im Heut,
die Träume meines Kinderzimmers,
die kamen auch von bösen Leut´.

Der schlichte Wunsch des kleinen Jungen
zu sein, wer er sich traut zu sein,
der ist ihm stets nur dann gelungen,
fügte er sich in Erwartung ein.

Ich bitt´ auch dich, mir zu verzeihen,
meine geliebte große Frau.
Ich werde auch dich von dem befreien,
was dir verfärbt vieles ins Grau.

Ich hab´ dich nicht bloß falsch geliebt,
mein Herz war immer schon bei dir,

verzerrt vom, was ich zuschrieb,
obgleich es doch ist nur in mir.

Wie kann ich dir verständlich machen,
dass ich mich nur auf *dich* bezieh,
indem ich erstmals mich entfache,
und nicht mehr länger davor flieh?

Du gibst mir Zeit, um zu besiegen
den Dämon, der mich kontrolliert.
Mein´ Weltumgang in zu rigiden
Mustern tagtäglich absolviert.

Diese vergiften mir die Seele,
sehen Gefahren, wo keine sind,
so als dürfte bloß geschehen,
was ich zuvor ertragbar find.

Alles, was frei sich bloß entfaltet,
das ängstigt etwas tief in mir,
weshalb ich ständig mitgestalte,
damit ich nicht nochmal verlier.

Im Zweistromland

Im Zweistromland
gibt es bloß
einen Fluss

Die Dreifaltigkeit
besteht nur aus
Satz und
Gegensatz

Das Dazwischen
hat keine Substanz
zumindest keine eigene

Es spürt sich
in der Schwebe
der Gegensätze
taumelnd

Die Liebenden
sind nicht bloß
aufeinander bezogen

Sie durchwirkt
die Geschichte des Abendlandes
beginnen im Zweistromland

Verlieren

Seelenbewegungen
lassen sich ablesen
aus den Blicken
und
der Freude
im Gesicht
des Gegenübers

Sie sind
brutal klärend
ohne Rücksicht
und
ohne Kenntnis
der Seelenqualen
im liebenden Herzen

Ich sehe,
was ich spüre
und
ich spüre,
was ich sehe –
mit wachem Blick

Trauer
und
Rückzug –
ohne
wirkliche
Hoffnung

Auf das,
was nur
spontan
und
freiwillig
ins Gesicht
sich schreibt.

Proaktive Plastinierung

Ich beobachte
die Gefühle und Denkfetzen,
wie sie spontan
zurückkehren
und die Regie
übernehmen

Ich stehe ihnen
nicht zur Verfügung -
nicht mehr!
Ich lasse
Sie leerlaufen
Und gebe ihnen
keine Nahrung
mehr

Statt dessen
male ich
mir aus,
wie ich

leben werde
nicht dereinst,
sondern
schon bald

tauche tief ein
in diese Bilder
meines
gelingenden Lebens
und
berausche mich
an ihnen

immer
und
immer
wieder
neu

Über die Freundschaft 5

Der wahre Freund sich wirklich sorgt
Er benötigt keine Anfrage,
um sich dem anderen zu widmen,
wenn dieser nicht mehr weiter weiß

Es geht ihm nicht um sich
er weiß zwar um seine eigenen Grenzen,
doch ist er durchlässig,
er lässt alles an sich heran

Trägt mit, was den anderen bedrängt,
ohne selbst Recht haben zu wollen.
Er weint mit dem Freund
und zwinkert ihm freundschaftlich zu

nimmt in den Arm statt zu argumentieren
da er die Kälte des Arguments spürt
und sieht, wie sehr sein Freund bereits friert
er wärmt ihn mit Verständnis

Verkehrt

Die Wirklichkeit ist ein Geschöpf,
mit dem sich uns die Welt aufknöpft -
nicht wie sie ist,
sondern wie wir sind.

Wir sehen auch im andern das,
was stets in unser´m Herzen saß,
wir werfen es ihm vor,
und bleiben dabei Kind.

> *Verkehrte Welt, die wir da bauen,*
> *ohne ordentlich hinzuschauen,*
> *im Vorwurf wir versenken,*
> *was Liebe uns kann schenken*

Aus uns selbst heraus wir bauen,
was wir dann im ander´n schauen.
Dies gilt für alle –

Auch für dich.

Kein Mensch kann frei beobachten,
kann wohl auf eigne Projektionen achten
und damit aufhören –
auch für sich.

> *Verkehrte Welt, die wir da bauen,*
> *ohne ordentlich hinzuschauen,*
> *im Vorwurf wir versenken,*
> *was Liebe uns kann schenken*

Wer projiziert, der sieht es nicht,
wie er ins Herz des ander'n sticht
vertraut mit sich
er wiedererkennt,

was ihm selbst auf der Seele brennt.
Getrieben er von dannen rennt
den anderen übergeht
Nicht sieht, wie der ihn liebt.

Du

Ich spüre dich in deiner Suche
meine Liebe auf dich blickt
du weißt, wie sehr ich es versuche,
mit dir zu wecken auf das Glück,

das manchmal schlafen geht,
und dann, nicht mehr zu spüren ist,
doch ist es stets als Möglichkeit
dort vorhanden, wo du bist.

Du bist bei dir und deinen Träumen,
in denen ich am Rand noch steh,
und trotzdem kann nur ich aufräumen,
was dir bisweilen tut so weh.

Es ist der Weg der Offenheit,
auf den ich mich begeben hab,
frei ist der Horizont und weit,
nur an dem ich mich tief lab.

Ich sehe uns in vielen Jahren,
wie wir in Ruhe uns begleiten,
Mit alter Haut und grauen Haaren
wir uns nur lieben und nicht streiten.

Ich sehe auch dein frohes Lachen,
wenn ich bei dir und mit dir bin
und wir dann schöne Dinge machen,
uns treffen, miteinander sind.

Dein Lebensglück kommt ganz aus dir,
ich kann es dir nicht geben,
doch wenn ich immer ganz bei mir,
kann ich erleichtern dir das Leben.

Von allen guten Geistern verlassen

Wo seid ihr, ihr guten Geister,
die mein Haus schützen wollten?
Seid ihr in der Wegschau Meister,
seht nicht, welche dunklen Wolken

seinen Giebel arg bedrohen,
alle Lieb´ hat sich entwunden,
meinem Zuhause rasch entflohen
in die kalte Nach entschwunden.

Nur der Vorwurf bei mir wohnt
Und die Drohung aufzugeben
Weil sich alles nicht mehr lohnt
Loszulassen unser Leben.

Panik dann mein Herz ergreift,
in der alles noch viel grauer
mir erscheint und sich versteift
zu einer hohen dunklen Mauer,

die ich kenne, weil sie mir
auch das Leben oft verstellt,
wenn ich weilte fern von dir
in einer völlig anderen Welt.

Deshalb ist´s vielleicht auch gut,
dieses Haus ganz abzutragen
und auf seiner Reste Schutt
eine neue Welt zu wagen.

In der Krise

Auf Krise reimt sich Wiese
Welch ein Zynismus!
Hier der Zerfall -
dort Weite und Entspannung

Auf Wiese reimt sich Krise
Welche Weisheit!
In der Entscheidung
öffnet sich neue Weite

Auf dieser lockt
Entspannung
und
neue Perspektive

Sag ja zu der Krise
Gib die Kontrolle auf
und
öffne dich!

Falscher Freund

Wenn du denkst, es sei vorbei und
beinah´ aus.[5]
Du kämpfst um die Familie, dein
Zuhaus.
Schau mich an, mit deinem traur´gen
Blick!
Ich singe für dich ein Lied
gegen das, was dir geschieht
sing ich ein Lied!

Wenn du denkst, dein Freund hält
eisern fest zu dir,
und Irrwege verzeiht er gerne dir,
weil er dich liebt, ohne eig´nen
Wunsch
Ich singe für dich ein Lied
gegen das, was dir geschieht
sing ich ein Lied!

Er weiß, dass er dir viel zu danken
hat,
weil du selbstlos ihn begleitet hast
mit Rat,
dein Haus geöffnet und ihm tief
vertraut
Ich singe für dich ein Lied
gegen das, was dir geschieht

---

[5]   Übertextung des Songs „To sing for you" von
Donavan (1965)

sing ich ein Lied!

Doch dann merkst du, er meint´s
nicht gut mit dir,
Er gönnt dir nicht die Frau und voller
Gier
Wartet er ab, ob er sie haben kann
Ich singe für dich ein Lied
gegen das, was dir geschieht
sing ich ein Lied!

Er fragt dich noch, was Mannsein
wirklich meint,
und du erklärst ihm, Ehre ist, die uns
vereint.
Sie nimmt nicht bloß und verrät auch
nicht.
Ich singe für dich ein Lied
gegen das, was dir geschieht
sing ein Lied!

Wenn du einsam bist, nicht weißt,
was wird gescheh´n,
mit Deinen Formen, andere zu sehen,
wie du´s vermagst, so wie du es
gelernt.
Ich singe für dich ein Lied
gegen das, was dir geschieht
sing ich ein Lied!

Was dir bleibt, ist der Versuch, ruhig
zu sein,

damit stehst du vor dem Herrgott
ganz allein.
Die Kraft ist groß, die du in dir hast.
Ich singe für dich ein Lied
gegen das, was dir geschieht
Ich sing ein Lied!

Diese Kraft auch kann erkämpfen,
was du liebst,
ohne dass du falschen Freunden klein
beigibst.
Die dich nicht sehen, wie du wirklich
bist,
Ich singe für dich ein Lied
gegen das, was dir geschieht
Ich sing ein Lied!

Sag Nein, um zu leben

Wenn es um das Ganze geht
Bleibe nie die zweite Wahl!
Sag Nein, um zu leben!
Sag Nein!

Bisweilen will das Leben dich bezwingen,
wenn zumal in Liebesdingen,
du ganz ohne Wirkung bleibst.

Wenn die Geliebte dich schon meidet,
ihren Blick zudem noch weitet,

um zu finden auf andrer Seit.

Wenn es um das Ganze geht
Bleibe nie die zweite Wahl!
Sag Nein, um zu leben!
Sag Nein!

Gern auch wird man dann beschuldigt,
selten nur in Lieb gehuldigt,
wenn man eigentlich nur nah.

Auch im Gerede gerne verlieren
gerade die, die im Herz brillieren
und nicht wissen, was geschah.

Wenn es um das Ganze geht
Bleibe nie die zweite Wahl!
Sag Nein, um zu leben!
Sag Nein!

Eine eigene Grenze ziehen,
Statt vor Liebe zu entfliehen,
das ist das, was Nähe schafft.

Wenn in Vorwürfen erstickt,
was sonst kommentiert verzückt.
Eine Wund´ am Herzen klafft.

Wenn es um das Ganze geht
Bleibe nie die zweite Wahl!
Sag Nein, um zu leben!
Sag Nein!

Für S.

Denke dieser Tage
auch viel an dich –
nicht wissend, ob du Kraft mir wünschst
oder gar Gelingen

vielleicht völlig gefangen bist
in den subtilen Schlingen,
die deine Loyalität missbrauchend
den klaren Blick deines Herzens
verschnüren,

und auch deiner Trauer
keinen Raum lassen,
die du fühlst,
aber dir
nicht zugestehst.

Es gibt Themen,
zu denen die Kinder
nicht gefragt sind,
weil diese sie überfordern –
da sie nicht die Sorgenden sind.

Es gibt Themen,
deren Gehalte auf subtil
miteinander Verwobenes verweisen,
dessen Wahrheit und Potenzial
keinen Ursache-Wirkungs-Ketten folgt.

Es gibt Themen,
zu denen wir von anderen
keine Parteinahme
abfordern sollten,
sondern ihrer Liebe vertrauen.

Es gibt Themen,
da meinen wir bloß,
wir seien im Hier-und-Jetzt,
sind aber in Wahrheit
getrieben von uralten Impulsen.

Du wirst missbraucht,
wenn du einbezogen,
zur Parteinahme genötigt
oder in Begründungen
verstrickt wirst.

Und es bleibt dir kein Rahmen,
in dem du dich auch mir
verbunden fühlen kannst –
weiterhin und
mit offenem Herzen.

Heilkraft des Herzens

Mein Herz, das lungert kaum verbunden
In meinem Oberkörper rum.
Es weiß nicht, dass es einst geschunden,
weshalb es oben bleibt stumm.

Ihm fehlt der Zugang zu der Tiefe,
die meiner Seele innewohnt,
Energie es kaum durchliefe,
wenn abgewürgt die Emotion,

ganz unten eingebunkert haust
und nicht im Herzen räsoniert,
wenn dir's mal wieder richtig graust
du schnell in Angst und Panik frierst.

Was dich sehr lähmt, anstatt zu stärken,
du nimmst dann wirklich alles hin.
Weil du nicht kannst im Herzen merken,
wer du denn bist und was dein Sinn.

Hast du dies alles gut verbunden,
das Ich mit Sinn und Energie,
dann heilt das Herz, auch wenn geschunden
es ward durch Krieg und Bigotterie.

Sinne

Ich sehe
Ich höre
Ich rieche
Ich schmecke
Ich taste

Ich bin
Bin ich?
Was ist das: Sein?

Ich atme
Ich denke
Ich fühle
Ich erwarte
Ich befürchte

Bin das ich
oder Ist das Wahrheit?

Ich vergehe
Ich verstehe
Ich verwehe
Ich verweile

Lügen

Zwei Seelen wohnen wohl in deiner Brust
Du sagst ihm A und mir bleibt B
Die Wahrheit wird so zum Verdruss.
Ich werde alleine weitergehen.

Ich höre auf, um uns zu kämpfen,
ich habe anderes verdient,
kaum lässt sich meine Trauer dämpfen,
wie du hast das Terrain vermint

mit Unwahrheiten und Betrug,
ja der beginnt schon früh mit Worten.
Jetzt hab ich endlich mal genug,
ich wende mich zu andern Orten.

Meine Liebe hast du bloßgestellt,
hast sie beschrieben bloß als Leiden.
Das mag für dich zwar Wahrheit sein,
entspringt sie doch auch dem Vermeiden,

von Zuwendung und Hingabe,
dauerhaft und ohne Störung,
auf allen unseren Lebensfaden,
suchtest du auch nach Empörung.

Zwei Seelen wohnen wohl in deiner Brust
Du sagst ihm A und mir bleibt B
Die Wahrheit wird so zum Verdruss.
Ich werde alleine weitergehen.

Da bleibt kein Grund mehr tiefen Hoffens,
es wird immer so weiter gehen,
wer bei dir davon betroffen,
dem wird es ebenso ergehen.

Auch meine Seel´ hat ihre Schatten,
wie auch deine Seele andre schmerzt.
Doch niemals ließ ich mich ermatten,
von dem, was tief in deinem Herz.

Hab es mitgeliebt und tief umfangen,
weil du mir doch so viel geschenkt,
zuletzt jedoch bist du gegangen –
hast Unwahrheit über uns gesenkt.

In der Klarheit

Klarheit kommt nicht von alleine,
sie wird erkämpft gegen sich selbst,
denn Lügen haben kurze Beine
wenn aus Träumen du gefällst.

Dann kommen sie herangespurtet,
vernebeln, was du längst erreicht.
Du bleibst dann nicht mehr gut umgurtet,
um Abzuwehren den ersten Streich.

Dieser kommt meist aus der Nähe,

von hinten gar von einem Freund,
der tut als wäre nichts geschehen,
wenn er dein eignes Heim ausräumt.

Klarheit kommt nicht von alleine,
sie wird erkämpft gegen sich selbst,
denn Lügen haben kurze Beine
wenn aus Träumen du gefällst

Der nächste Schlag war unerwartet,
auch dein Geliebter Mensch sticht zu!
Du sinkst hernieder ganz ermattet,
sie lächelt und lässt keine Ruh.

Darunter bricht es still zusammen
Was klar in deiner Seele war.
Du willst nicht länger dich entflammen
für das, was dir von ihr geschah.

Auch das ist eine neue Klarheit,
die du im Niedergang noch siehst.
Du blickst erschüttert auf die Wahrheit,
die du nicht sahst bis du hinfielst.

Klarheit kommt nicht von alleine,
sie wird erkämpft gegen sich selbst,
denn Lügen haben kurze Beine
wenn aus Träumen du gefällst.

Altern

Wenn über 60 Jahr du alt,
dann solltest du in Frieden wohnen.
Nicht in Beziehungen, die kalt,
nur noch dem Eignen fronen.

Dann solltest du gesettelt sein,
und friedlich aufgehoben
in einem Zuhause, das auch dein
Seelenglück kann schonen.

Nicht immer wieder aufbrechend,
nicht Unruhe und dauernd Klag,
die niemals wirklich endend
deine Liebe zu töten mag.

Wenn über 60 Jahr du alt,
dann sollte innere Ruhe sein,
nicht Leben, ohne jeden Halt
mit deinem Schmerz allein.

Nicht erneut zu suchen,
was gefunden dir lange schien
wie oft musstes du auch fluchen
weil die Zufriedenheit schnell dahin

Es gab da etwas nicht zu stillen,
für das du nicht konntest sorgen,
du hattest schon beim besten Willen,
immer bereits verloren.

Wenn über 60 Jahr du alt,
dann bleibt dir nicht viel Zeit.
Selbst wenn du dir´s hast ausgemalt,
was noch zu tun dir bleibt.

Dann willst du auch zufrieden sein,
nicht ständig neu im Fluss.
Auch das bleibt dir nicht länger dein,
weil du´s abgeben musst.

Es bleibt dabei, es wäre schön,
wenn du wärst angekommen.
Und Deine Seel nicht länger stöhnt,
dass sie nichts abbekommen,

von dem, was ihr doch gebührt
an Lebendigkeit und Fühlen.
Dann siehst du dich schnell vorgeführt,
statt ruhig abzukühlen.

Wenn über 60 Jahr du alt,
dann sollte innere Ruhe sein,
nicht Leben, ohne jeden Halt
mit deinem Schmerz allein.

Wenn über 60 Jahr du alt,
dann solltest du in Frieden wohnen.
Nicht in Beziehungen, die kalt,
nur noch dem Eignen fronen.

Wenn über 60 Jahr du alt,
dann bleibt dir nicht viel Zeit.

Selbst wenn du dir´s hast ausgemalt,
was noch zu tun dir bleibt.

Traust du dich?

Traust du dich,
mir nochmals
        völlig zu vertrauen?
Traust du dich,
mit mir einen
        neuen Weg zu bauen?

Ich weiß, es fällt dir schwer,
weil du lange fast allein
dich an meiner Seite fühltest
selten im Kontakt zu zwein.

Deine Augen blicken mutlos
nur ein kleiner Hoffnungsfunkel
deine Seele dir erhellt
in dem großen Liebesdunkel.

Doch du weißt auch, dass vieles
immer neu entstehen kann,
wenn sich auftut eine Türe,
an der wir bislang nicht warn.

Deshalb kann nur das Vertrauen
uns verbinden mir der Liebe,
um zu reifen zu dem Grade,
der unerfüllt uns sonst bliebe.

Fragen

Wie kann ich dir verständlich machen,
dein Schmerz, der müsste gar nicht sein.
Wir könnten Fröhlichkeit entfachen,
auch Liebe im Gespür zu zweien.

Du müsstest nicht dein Haus verlassen,
in dem du lebst und wirksam bist,
wenn du nur bloß den Mut könnt´st fassen,
zu glauben, das, was möglich ist.

Du müsstest dafür bloß vertrauen,
auf deinen Mann, der dir grad fern,
dass er kann neue Wege bauen
in seiner Seele - nur allzu gern.

Bedenke auch, du kennst ihn lange,
bist ihm vertraut, entzaubert gar.
Deshalb kennst du, was dich macht bange,
im Neuen liegt doch auch Gefahr,

dass zutage tritt, was du nicht siehst,
was wird in zwanzig Jahren sein
versteh´ nicht, warum du entfliehst
in neues Risiko hinein?

Hier kannst du ändern, mit mir lernen,
dort weißt du nicht, was einst wird sein.
Die Anfangstrance wird sich entfernen,
vielleicht bist du dann ganz allein.

Was soll ich weiter dich umwerben,
gar preisen das, was ich vermag,
ich will dir doch kein Glück verderben,
bloß zeigen, dass das Jetzt nicht karg,

gar ohne Perspektive ist,
ganz viel ist da, was uns vereint,
weil anders unterwegs du bist,
wird das Bisherige verneint.

Das ist sehr schade und auch traurig,
weil du riskierst, was du auch bist,
nur weil dein Mann leicht traumatig
dir bisher einiges vemiest.

Es gibt den Weg der Neubegegnung,
du hast als Keim ihn auch gespürt.
Der Kernverschmelzung starke Prägung
kann erreichen, dass wir hingeführt.

Freund Angst

Du liebe Angst, ich danke dir,
du hast mich gut bewacht!
Beobachtet, was drohte mir,
du hast mich stark gemacht.

Getrieben von dem festen Willen,
das Leben nicht zu lassen,

war diese Furcht doch nicht zu stillen,
auf allen meinen Straßen,

die ich durchwandert hab im Leben,
auf meinem Weg zu mir,
in dem verzweifelten Bestreben,
dass ich bloß nicht verlier.

Drum halt ich fest, was mich zerstört,
um nur nichts zu verpassen,
selbst wenn ich innerlich empört,
kann ich es kaum loslassen.

Du hast genug für mich geacht´,
ich ehre dein Motiv.
Jetzt übernehme ich die Wacht
In meinem Herzen tief.

Dort ist der Ort, mich ganz zu spüren,
zu sehen, was mir schadet,
zu lange konnt´ man mich verführen,
wenn ich in Angst gebadet.

Tritt nun zur Seite und mach Platz,
für mich und meine Kraft,
zwar warst du Druck, doch auch ein Schatz,
sonst hätt´ ich´s nicht geschafft.

Es ist genug, dass du mich leitest,
nun führst du in die Irre.
Verhinderst, dass mein Herz sich weitet,
weil ich mich erneut verirre.

Ich danke dir, das mein ich so,
und geh nicht zu weit weg!
Doch bin ich stärker ganz im Flow,
wenn ich mein Herz beweg!

23.Psalm - systemisch

Im Leben geborgen

Das Leben umfängt mich,
es gibt mir Energie.
Was ich zum Überleben benötige, finde ich;
auch mein inneres Gleichgewicht ist möglich.
Jeder Weg des Lebens ist ein Weg des Lebens
– auch die Wege, die uns schwer fallen und
uns schmerzen.

Wenn ich mutlos und verzweifelt bin, muss
ich nicht um mich fürchten, denn ich lebe –
getröstet von der Zeit, die mir bleibt und der
Liebe, die mich auch umfängt.

Selbst meine Feinde können mir nichts
anhaben, weil ich lebe und weiß, wie
Menschen mich lieben.

Sie zeigen mir dies mit ihrer selbstlosen
Zuwendung und Fürsorge,
und ich spüre, dass ich nicht allein bin.

Testament

Ich hab den Lebensmut verloren,
der vielleicht leicht zu brechen war,
weil angebrochen er geboren
langte Verrat – ein doppelter zwar.

Zu oberflächlich die Parolen
Die sagen: Es geht immer weiter
Doch bin ich leider ohne Sohlen,
um fortzuschreiten auf der Leiter.

Ich weiß nicht mehr, wohin die führt,
suche verzweifelt nach dem Sinn,
der mich im Herzen tief anrührt,
wo meine Liebe doch dahin.

Es fällt mir schwer, euch dies zu sagen:
Unschuldig bliebt ihr an dem nicht,
aus Ichbezogenheit wolltet ihr wagen,
was einen anderen zerbricht.

Und doch ist es die pure Kraft,
die mich an dieser Stell´ lässt gehen,
verlassen vor dem letzten Akt,
das Schauspiel der gebrochenen Seel.

Es ist die Würde und Selbstliebe,
die sagt: Mit mir macht ihr dies nicht!
Selbst wenn ich noch ein wenig bliebe,
Verloren habe ich hier nichts.

Ich fliehe in das Land der Träume,
wo meine Liebe findet Raum,
selbst wenn ich hier noch was versäumte,
sie war für euch ein starker Baum.

An ihn gelehnt konntet ihr suchen,
er spendete auch Schatten gar.
War vielleicht knorzig mit viel Furchen,
doch stand er mächtig und stark da.

Bis ihn gefällt ein doppelt´ Stoß,
den er so nicht erwarten konnt´.
Jetzt ist er seine Wirkung los,
und modert in der Abendsonn´.

Resurrection

Aus dem gefällten alten Baum
gar bald neue Zweige spießen
zunächst kann man es sehen kaum,
wie sie zum Baum zusammenfließen,

die Kräfte, die sich neu entfalten
tastend in Leidenschaft erstarken,
entsprungen aus dem Alten,
dessen Tod sie in sich tragen

sie bündeln sich zu neuem Leben,
das offener und verletzbar,
in dem sie nie vor Angst erbeben,
nur weil´s fürchterlich dereinst war.

Seine Rinde ist aus Mut gemacht,
sein Stamm aus reiner Liebe,
der Baum, der hier ganz neu erwacht,
übersteht auch alle derben Hiebe.

Er ist nicht hart, wie der zuvor,
nicht klagend vor Gericht,
selbst wenn zu Unrecht er verlor,
die Liebe deutlich aus ihm spricht.

Er kennt das Böse in dem Guten,
wenn Menschen mal im Wald verirrt,
und dann einander viel zumuten,
wenn Gutes Böses auch gebiert.

Dann ist der Tod ganz deutlich Thema
mit seiner ganzen verneinenden Kraft,
es wird auch plötzlich viel bequemer,
zu strafen als dass es sein darf,

was uns fast umbringt vor Seelenqualen,
die Liebe, die von uns wegdängt,
um sich zu suchen neue Wahlen,
denen sie sich freiwillig schenkt.

Der neue Baum kann dies verstehen,
auch wenn es schmerzt, er nichts versperrt,
durch seine Rinde lässt er gehen,
was nur freiwillig wiederkehrt.

Empörung 1

Ich kann sie spüren, doch nicht sagen,
es schreit sie nicht aus mir heraus
zerfrisst stattdessen meinen Magen,
Verrat zerstörte mein Zuhaus´.

Mein Herz ist schwer im Kern getroffen,
es schlägt noch, doch man hört es kaum,
ich torkle weiter, wie besoffen,
kenn´ mich im Leben nicht mehr aus.

Ich bin empört, nicht wutentbrannt.
Empört ist man mit klarem Blick:
Man sieht, das Falsche – lang verkannt,
was jetzt so klar ins Licht gerückt.

Wie leicht du konntest das verraten,
was zwischen uns mir heilig schien,
es fiel dir leicht, nicht abzuwarten,
rasch zog es dich zum andern hin.

Dass er mein Freund, ein guter war,
das hat euch beiden nicht gebremst.
Du warfst es fort, was unseres war,
die Jahre, wie ein nasses Hemd.

Ich bin empört, nicht wutentbrannt.
Empört ist man mit klarem Blick:
Man sieht, das Falsche – lang verkannt,
was jetzt so klar ins Licht gerückt.

Die Liebe ist zwar völlig frei,
ungebunden auf ihrem Weg,
doch ist es ihr nie einerlei,
wie es dem andern Menschen geht,

der lang an deiner Seite lebte,
mit dir das Leben treu gestaltet,
wenn anderes in dir sich regte,
vermeide, dass dein Herz erkaltet.

Ich bin empört, nicht wutentbrannt.
Empört ist man mit klarem Blick:
Man sieht, das Falsche – lang verkannt,
was jetzt so klar ins Licht gerückt.

Jetzt

Das Jetzt ist dieser Kernmoment,
der gerade durch die Stube rennt.
Er ist so kurz, du merkst ihn kaum,
weil du derweilen in dem Traum

vom Vorher oder Nachher hängst,
siehst nicht, dass du damit verschenkst,
das Jetzt in seinem Glanz zu sehen,
wenn das, was war, du ganz läßt gehen

und auch all das, was könnt sein morgen,
du nicht verwechselt mit den Sorgen,

die aus dem Gestern dich erreichen
und nur das Zukunftsbild zerbleichen.

Das Leben geht so lang es dauert,
nie bist du wirklich eingemauert,
kannst lassen, was nicht gut für dich,
um dich zu öffnen neuer Sicht.

Empörung 2

Sie rutscht mir immer wieder fort,
die Wahrheit des gehörten Worts
Will ich nicht glauben, was vernommen,
mir wird Realität genommen.

Bewege mich in Wolkenbahnen,
was wirklich ist, kann ich nur ahnen.
Verstehe, dass ich ganz allein,
die Dinge sehe die nicht bloß Schein.

Sie nicht durch Ignoranz verbiegen,
der süßen Täuschung gar erliegen,
zu meinen, dass nicht absichtsvoll,
was man mir antut: ungewollt?

Allmählich ist sie da die Liebe,
die zu mir selbst, verborgen bliebe,
wenn ich nicht deutlich Grenzen zöge,
und weiter mich gar selbst belöge.

Die Wahrheit ist nüchtern und klar,

auch das Gefühlte ist doch wahr.
Wie kann ich weiter denn ertragen,
ohne das Risiko zu wagen,

dass ich es bin, der hier entscheidet,
auch jede falsche Rücksicht meidet,
vertrauend auf das, was kann sein
und ich nicht bleibe ganz allein.

Liebe endet leise

Im Schlaf schreckte ich hoch,
denn sie war weg,
leise für immer gegangen:
meine Liebe,
die mich
noch gestern
schmerzte.

Man hatte ihr böse mitgespielt,
in der letzten Zeit,
sie verraten und getreten:
rücksichtslos
ohne auf mich
und meine Not
zu achten.

Verrat und Rücksichtslosigkeit
liebloser Egoismus,

gemeine Aussonderung:
auf Null gestellt
im Schmerz
der mein Herz
zerriss.

In Schuldvorwürfen und
Projektionen gefangen
ohne eigene Chance:
würdevoll
war dies
zu keinem
Zeitpunkt.

Hoffnung

Hoffnung, welch ein süßer Trank,
bezaubert dich und macht dich krank
vernebelt dir den klaren Blick
du siehst nicht, wohin du geschickt.

Wenn Schicksalsschläge dich erreichen,
Vertrauen sich zerschlagen hat.
Dann stehst du da und kannst kaum weichen,
und hast das Leben auch schnell satt.

Am Nullpunkt bist du angekommen,
hast deine Zuversicht verlor'n,
dir ward ein Stück vom Herz genommen,
welches noch gar nicht recht gebor'n.

Jetzt stehst du da, versucht zu kitten,
siehst nicht, dass vieles ganz verlor´n.
Hoffst, dass es werde, unzerschnitten,
wie als er in dich drang, der Dorn.

Hoffnung, welch ein süßer Trank,
bezaubert dich und macht dich krank
vernebelt dir den klaren Blick
du siehst nicht, wohin du geschickt.

Der Dorn der Falschheit, des Verratens,
sie sprach in Liebe, doch nicht mit dir.
Trotz all des langen, harten Wartens,
vergiss nicht, was du selbst wert dir.

Du bist nicht länger zweite Wahl,
nicht Träger projizierter Schuld,
nicht wie die Marionette fahl,
auch nicht mit endloser Geduld.

Hoffnung, welch ein süßer Trank,
bezaubert dich und macht dich krank
vernebelt dir den klaren Blick
du siehst nicht, wohin du geschickt.

Wehrlos

Es ist schwer, bloß abzuwarten,
ob die Liebe sich besinnt,
sich dir neu schenkt oder weggeht –
dein Leben verliert oder gewinnt.

Es bleibt, was gut war und wahr war[6],
selbst wenn neu gedeutet nichts klar war,
dass Liebe und Freude schon da war,
etwas betagt schon und erschöpft zwar.

Wir können vieles verändern,
damit unsere Liebe gelingt.
Können verstehen und verzeihen,
wenn mit uns das Andere ringt.

Dieses Andere ist die Verneinung,
von dem, was uns hat umfangen.
Manchmal deutlich und verletzend,
als ob alles sei von uns gegangen.

Es bleibt, was gut war und wahr war,
selbst wenn neu gedeutet nichts klar war,
dass Liebe und Freude schon da war,
etwas betagt schon und erschöpft zwar.

Du kannst Hinwendung nicht erzwingen,

---

[6] Zeile aus dem von Wolf Biermann auf Deutsch
gesungenen „Hasta siempre Comandante", welches von dem
kubanischen Komponisten Carlos Puebla komponiert wurde.

bist wehrlos und kannst bloß warten,
ob die Liebe sich zuwendet
oder ob die Erwartung dich blendet.

Es bleibt, was gut war und wahr war,
selbst wenn neu gedeutet nichts klar war,
dass Liebe und Freude schon da war,
etwas betagt schon und erschöpft zwar.

Teil 2

Bewegung

Wende?

Im Schweigen angekommen
such´ ich ein neues Licht.
Mein Herz noch ganz benommen
von dem, was grad zerbricht:
Das Ich mit seiner alten
„Gewissheit" um den Schmerz
versuchte noch zu halten,
was nicht kam aus dem Herz.

Wie konnte ich vergessen,
dass nichts ist, wie mir scheint.
Es schien mir ganz vermessen,
dass du trennst, was uns eint:
Gemeinsam zu erdulden,
wo keiner sich fühlt´ frei,
nur um uns nicht zu schulden,
was nicht zu schulden sei.

Noch können wir es schaffen,
verhindern, was ganz nah:
Dass wir allein uns lassen,
zu meiden, was geschah,
doch war dies bloß im Gestern,
das weit zurück verweist,
im Irrtum wir dann lästern,
über das, was heute Eis.

Wie können wir auftauen,
was unsre Seel´n einfriert,
wie neue Wege bauen,

damit sich neu gebiert,
was in uns voller Bindung
begleiten möchte zart,
was auch die Seelenfindung,
kann leiten auf ihrer Fahrt.

Es bleibt die Kraft des Herzens,
die ohne Willen wirkt.
Sie führt von selbst zusammen,
was seinen Halt verliert.
Sie ist auch nicht zu zwingen,
wirkt ganz aus sich heraus,
auch wenn bei all dem Ringen
zerstört ward ein Zuhaus.

Was kann sein?

Was kann sein?
Was kann sein?
Was wird sein?
Nachdem vieles, was uns einte, ist
entzweien?
Wird es Rückkehr, neu Verlieben oder
nur Verbitterung sein,
wenn wir uns nicht neu begegnen:
Was kann sein?

Die Wunden sind noch offen,
unverheilt,
während in deinem Herzen noch ein
anderer weilt.

Kannst du gar nicht wirklich sehen,
was ihm gescheh´n,
dem Mensch, der treu zu dir wollt
stehen!

Längst hast du eine Liste dir erstellt,
die erklären soll, weshalb du ihn
gequält.
Dir erscheint zu viel misslungen, was
nur Liebe wollte sein,
doch du ließest es nicht gelten und ihn
allein.

Hast nicht gesehen, wie er dabei
zerbrach,
als der Verrat ihm tief in sein Herz
stach.
Seitdem weiß er nicht mehr weiter,
torkelt bloß im Leben rum,
in Erinnerungen ungeborgen – ohne
Sinn für ein Warum.

Was kann sein?
Was kann s ein?
Was wird sein?
Nachdem vieles, was uns einte, ist
entzweien?
Wird es Rückkehr, neu Verlieben oder
nur Verbitterung sein,
wenn wir uns nicht neu begegnen:
Was kann sein?

Du suchst nach einem Weg zu euch
zurück
Willst für dich dabei verändern, was
kein Glück,
sondern Anpassung gewesen, wie du
sagst,
bist du dir dabei auch sicher, wen du
anklagst?

Suchst du nur im Gegenüber, was dir
fehlt,
oder auch in eigner Seel´, die
ungestillt,
nicht zur Ruhe und Zufriedenheit
gelangt,
immer wieder grad in Sicherheiten
wankt?

Wenn du den Blick nicht richtest auf
dich selbst,
und durch andere Optionen dir
verstellst,
was verstanden und verantwortet
werden will,
wird es auch in deinem Leben um dich
still.

Was kann sein?
Was kann sein?
Was wird sein?
Nachdem vieles, was uns einte, ist
entzweien?

Wird es Rückkehr, neu Verlieben oder
nur Verbitterung sein,
wenn wir uns nicht neu begegnen:
Was kann sein?

Was sein kann, das entscheidet sich in
mir,
meinen Bildern, die erzeugen, wenn
ich frier,
tief im Herzen - eine Furcht, die nicht
kann sehen,
und dann bleiben will, anstatt ganz
schnell zu gehen.

Doch auch umgekehrt verwechsle ich
viel zu oft,
dass im Außen nie zu finden, was
erhofft.
Deshalb frage ich mein Innres, was
sein kann,
wenn ich entscheid, mich zu spüren
als dein Mann.

Die Welt der Möglichkeiten

Es liegt als Möglichkeit im Raum,
aus dem Gedanken Altes holen,
dabei merke ich es kaum,
wie mein Leben wird bestohlen.

Dadurch sorge ich selbst dafür,
das es bleiben muss, wie's ist,
schließe selbst die offene Tür,
die mir zeigt, was ich vermiss.

Anders wäre es auch möglich:
Ich geh nicht daran vorbei,
lasse, wie ich gern täglich,
mir gewiss mach, was da sei.

Steige aus aus der Problemtrance,
suche eine neue Weise:
„Potenzialtrance als Chance",
die mich führt auf neue Gleise.

Diese sind mir ungewohnt,
führen nicht im Kreis herum,
eröffnen einen Weg, der lohnt,
dem ich folge völlig stumm.

Nur getragen von der Einsicht,
dass ich keine Wirkung leide,
sondern selber wirksam richt'
meine Schritte in die Weite.

Bewirke das, was ich erstrebe
weil ich liebend schreit einher,
plötzlich schenkt sich mir das Leben,
anders als es sonst so wär'.

Mentales Proben

Ich male mir mein Leben aus
wie es noch gar nicht ist.
Verlasse jetzt das Trauerhaus
In dem ich hab´ zu viel vermisst.

Mit bunten kräftigen Farben
Erzeuge ich mir das Bild
einer Zukunft voller Gaben
einer Liebe, die mir gilt.

Ich blicke nicht länger voller Schmerz,
auf das, was ich verloren,
sondern öffne uns mein Herz,
damit Neues wird geboren,

was schon besteht als Möglichkeit,
ich muss es nur genauer seh´n
erst, wenn mein Herz ganz weit,
kann Wandel auch geschehn.

Lullaby[7]

Lass die alten Sachen ruhen
Denk nicht dran, was du vermisst.
Sonst läufst du in alten Schuhen,

---

[7] Überdichtung des Songs „Hobo´s Lullaby" von Woody Guthrie (1972)

in eine Zukunft, die nicht ist.

Fürchte nicht, was morgen sein mag,
Lass dein Leben bloß geschehen,
damit du nicht an am Ende aller Tag,
kannst den Sinn nicht mehr verstehen.

Ich weiß du fürchtest, dass am Ende,
du mit leeren Händ´ da stehst,
doch du versäumst die eigne Wende,
wenn du gar nicht weiter gehst,

sondern wartest, was die andern,
dir erlauben noch zu tun,
dann wirst du zwar weiter wandern,
doch niemals zufrieden ruhn.

Tanz an der Grenze

Borderline, Borderline, Borderline,
wenn du ausbrichst,
ist dein Leben nicht mehr dein.
Es gehört dann dem Vergangenen,
gibt sich diesem auch ganz hin –
entkoppelt von dem Jetzt
und dessen Sinn

Es gelten dann auch weiter keine Gründe,
kein Beleg dafür, was wirklich ist,
die Sogkraft eines Musters neu erfindet,

wie es war und wer schuld daran ist.

Dann verliert sich auch, was uns bislang
verbunden,
eine neue Story plötzlich steht im Raum,
die sagt, dass deine Seel´ im Heute ward
geschunden
und wirkliches Glück erlebt hast kaum.

> Borderline, Borderline, Borderline,
> wenn du ausbrichst,
> ist dein Leben nicht mehr dein.
> Es gehört dann dem Vergangenen,
> gibt sich diesem auch ganz hin –
> entkoppelt von dem Jetzt
> und dessen Sinn

Der nahe Mensch steht sprachlos vis a vis,
er begreift nicht, wieso du so bist zum ihm,
ohne Rücksicht stößt du ihn irgendwo hin,
was ihm das Leben nimmt, das ihm ganz sicher
schien.

Er bangt und hofft, es möge endlich weichen,
was er nicht kann begreifen und verstehn,
dabei gibt's für ihn ganz viele schlechte Zeichen,
auch für den Fall, willst du nicht von ihm gehen.

Black and White

Schwarz, schwarz, schwarz ist alles, was ich habe,
weiß, weiß, weiß ist das, was könnte sein.
Darum meid ich, alles, was mir schwarz ist,
weil mein Schatz ein Schornsteinfeger ist.

Doch der kann auch seine Speis nur backen,
wenn sein Schornstein richtig funktioniert.
Darum muss das Schwarze man reinlassen,
weil sonst auch das Weiße nicht fasziniert.

Schwarz, schwarz, schwarz ist alles, was ich habe,
weiß, weiß, weiß ist das, was könnte sein.
Darum lieb ich, alles, was mir weiß ist,
weil mein Schatz ein Bäcker könnte sein.

Manchmal spür ich, dass mein Bild daneben,
weil auch Bäcker schmutzge Finger hab´n.
Auch der im Schornstein, kann nur richtig sehen,
dessen Augen was Weißes in sich trag´n.

Schwarz, schwarz, schwarz ist alles, was ich habe,
weiß, weiß, weiß ist das, was könnte sein.
Darum lieb ich, alles, was mir weiß ist,
weil mein Schatz ein Bäcker könnte sein.

Schwer nur seh´ ich, dass es wohl in mir ist,
was das Weiße idealisiert.
Und ich verlasse, das was mir das Schwarze,
viel zu einfach im Außen demonstriert.

Alles ist im Grunde viel zu einfach,
wie mein Herz um Klarheit sich bemüht.
Darum lass ich sein, was es mir einflüstert
Und bin ab heute ins Graue auch verliebt.

Meine Wut

Meine Wut findet keinen Ausdruck,
ich weich ihr aus
durch Verstehenwollen
und durch Hoffnung

Das macht mich klein:
Diese Geste der Demut,
mit der ich mich nicht wehre
gegen das Bild, das man erzeugt

Ein kleiner Funken in mir
weiß, dass ich nicht der bin,
den man da zeichnet
gewissermaßen als Legitimation

für die kommenden Bewegungen,
die mich treffen werden
mit Wucht und im Kern
ohne Schutz im Herzen

Wie kann ich diesen Gedanken

ausweichen und Neues stärken:
andere Bilder, neue Welten
für mich und mein Leben?

Komm Wut, ich lade dich ein!
Zerstöre in mir die Bilder,
die ich erzeuge über das Drohende
beständig, statt zu träumen!

Ambivalenz

Ambivalenz macht es mir schwer,
zu wissen, wer ich bin.
Oft blicken deine Augen leer
und alles scheint dahin.

Doch dann gibt es Momente,
da spür´ ich, wer du bist,
ich lasse dann behende
verschwinden was nicht ist.

Verbrenne deine Froschhaut,
die ich nicht mehr ertrag,
damit sie nicht mehr anschaut,
was ich zu sein nicht mag.

Das ist ein großer Fehler,
weil du sie auch noch bist.
Es geht auch gar nicht schneller,

mein Herz du nicht umschließt.

Nein, du musst wiederfinden,
was ich dir bloß genommen,
und dich ganz selbst entwinden
aus dem, was überkommen.

in deiner Seele wohnt.
Es ist dort nicht zuhause.
Doch keinesfalls es schont,
und gibt dir keine Pause.

Es zieht dich fort, wenn du bist nah,
es sehnt sich aus der Ferne.
Igelst dich ein und machst dich rar,
weil ich erwart´ dich gerne.

Dann suchst im Jetzt du einen Grund,
der deinen Schritt erklärt,
ich falle tief in den Abgrund,
weil ich es dir erschwer,

zu bleiben, was in deinem Herz,
noch ungeborgen ist,
gibst mir der Froschhaut tiefen Schmerz,
der meine Seel zerfrisst.

Die Liebe braucht kein Froschgewand,
sie selbst sich stützt und nährt,
sie wartet, bis mit eigner Hand,
du löst, was dich beschwert.

Auch wenn dies spät erst sollte sein,
es wäre wie ein Wunder,
dann wär' auch ich nicht mehr allein,
im Hier und jetzt wär's bunter.

Ich kann nur warten sieben Jahr',
ob eintritt, was uns hilft zu lieben,
zwar quält es, doch es klärt sogar,
warum im Herzen ich zerrieben.

Im Dazwischen

In meinem Herzen ist ein Raum,
der sich nur dir erschließt.
Dort wohnt bloß einer Liebe Traum,
die lang schon einsam ist.

Sie ward für dich entstanden,
vor vielen Jahren schon,
du warst als wir uns fanden,
gewohnt, in diesem Raum zu wohn'.

Angst und Liebe

Wenn du bei mir bist
verschwindet meine Angst nicht.
Sie ist bereits zuvor gegangen.
Ich selbst habe sie fort geschickt,
um dich mit meiner Liebe umfangen zu können,
nicht mit meiner Angst.

Wenn du bei mir bist,
fürchte ich, dich zu verlieren.
Diese Furcht entstammt der Liebe,
nicht der Angst.
Gleichwohl bin ich verwundbarer,
und meine Angst weiß das.

Wenn du bei mir bist,
vergesse ich meinen Schmerz –
auch den, welchen du mir zugefügt hast.
Dabei verliere ich mich,
und ich leben dann
weder im Schmerz, noch in der Liebe.

Wenn du bei mir bist,
kann ich nur bei mir sein,
wenn du auch erkennst,
was du mir zumutest,
und meinen Schmerz nicht entwertest
indem du ihn als verdient ansiehst.

Ein Haus im Nirgendwo

Es gibt ein Haus im Nirgendwo,
wo unsere Liebe wohnt.
Sein Schutz, der macht uns beide froh,
weil sich Veränderung lohnt.

Ich kenne deine Seele gut,
du bist mir oft ganz nah,
auch wenn des Lebens wilde Flut,
so tut als seis nicht wahr.

Dann schließen wir die Liebe ein,
die uns immer beschützt,
und bleiben lieber ganz allein,
weil alles scheint unnütz.

Es gibt ein Haus im Nirgendwo,
wo unsere Liebe wohnt.
Sein Schutz, der macht uns beide froh,
weil sich Veränderung lohnt.

Vergessen doch nicht das tiefe Band,
das unsere Herzen eint,
bewegen uns sacht aufeinander zu,
auch wenn es nicht so scheint.

Wir lassen Zeit und sind zusammen,
begegnen uns mit Zeit,
vertreiben Wolken, die entstammen
einer Welt, die doch ganz weit.

Verquasselte Welt

Eine Deutung jagt die andere,
Entwürfe stolpern durch die Welt.
Weiß nicht wohin ich wandere,
weil alles hundertfach verstellt.

Deinem Wort wollte ich glauben,
fragte immer wieder nach,
begann mir den Verstand zu rauben,
weil deutlich doch zutage lag,

dass deine Worte Lügen sind,
mit Falschheit ganz und gar durchsetzt,
du wollt´st dich schonen, wie ein Kind,
das tief in seiner Seel´ verletzt.

Eine Deutung jagt die andere,
Entwürfe stolpern durch die Welt.
Weiß nicht wohin ich wandere,
weil alles hundertfach verstellt.

Doch stirbt in mir mein Lebensmut,
wenn ich verlier´, was mich ausmacht.
Das eigene Leben wird nur gut,
wenn keiner heimlich dich veracht´.

Mir bleibt das Hoffen, dass vergeht,
was, du im Augenblick vollführst:
Wenn du erkennst, dass einer steht
an deiner Seite ungerührt,

weil er erkennt, was du nicht siehst,
wie du im Außen etwas suchst,
und dabei vor dir selbst entfliehst –
ein Schritt, den du dereinst verfluchst.

Hast du die Wiederholung abgeschlossen
und voll Ernüchterung musst sagen,
dass nicht aus Idealisierung flossen,
die Kräfte, die dein Leben tragen.

Eine Deutung jagt die andere,
Entwürfe stolpern durch die Welt.
Weiß nicht wohin ich wandere,
weil alles hundertfach verstellt.

La Verdad

Du sagst, du gibst uns eine Chance,
weshalb den anderen du lässt,
doch willst du weiter noch das Ganze,
weshalb du beide weiter stresst.

Das ist kein Weg, auf dem sich klärt,
was uns das Herz sonst ganz zerfrisst,
Du spürst es selbst, dass bloß verkehrt
sich zeigen kann, was möglich ist.

Mal scheint es klar, mal siehst du´s kaum,

du möchtest beide Wege gehen
und spaltest deiner Seele Raum
und den der Menschen, die sich sehn´.

Die Spaltung ist nicht das Ergebnis
von etwas, das im Außen schwer.
Sie weist zurück auf das Erlebnis,
als früh Vertrauen ward geleert.

Jetzt suchst im Außen du die Klärung,
wo doch im Inneren du nicht klar.
Zwei Seiten gieren nach Ernährung,
weil Unklarheit scheint einzig wahr.

Ich steige aus aus diesem Irrsinn,
und wende mich mir selber zu.
Kann sein, dass alles dann dahinrinnt,
was zugewandt war deinem Du.

Im Nebelwald

Ich taste mich
durch die Nebelschwaden
deiner Lügen
und folge einer Spur,
die bloß in meinem Herzen ist.

Du lässt mich
in der kalten Täuschung
des Doppelsinns

nicht wissend,
dass ich weiß, was wirklich ist.

Es ist nicht beliebig,
was wahr sein soll,
obgleich du beide täuschst:
Ihn mit der Hoffnung auf ein Vielleicht,
mich mit der Lüge eines Neubeginns.

Im Nebelschwaden
deiner Lügen
kann weder das Eine,
noch das Andere
wirklich gedeihen.

Ich tröste mich
mit der Gewissheit,
dass du nicht weißt,
was du tust,
weil du getrieben wirst.

Wie, wenn dem nicht so ist?
wie, wenn du mich bewusst
in den Nebelwald schickst –
bloß, um selbst nicht endlich
etwas aufgeben zu müssen.

Im Nebelwald Deiner Lügen
erfriert meine Liebe,
und ich komme aus ihm heraus,
um mich an anderer Stelle
zum Sterben niederzulassen.

Mein Selbst

Es sitzt verloren in der Ecke,
mein Selbst,
es traut sich kaum noch raus.

Es hat auch keine Zwecke,
mein Selbst,
es braucht ein eigenes Haus.

Weitab von dem Vertrauten,
mein Selbst,
es sitzt im Dunkeln.

Mein Selbst, es löst
sich auf
und findet sich vielleicht.

Aus den Tiefen des Spürens,
mein Selbst
neu sich aufrichtet.

Windiger Pfad

Wir wandern am Abgrund einer Liebe,
die uns zueinander geführt,
und wissen nicht, was uns noch bliebe,
wenn Getrenntsein uns abschnürt

Doch wer ist der, der weiß,
wie man auftaut das Eis,
damit die Liebe nicht erfriert,
sondern neues aus uns gebiert.

Wir stehen alleine im Wandel ,
was uns viel zu lange schon lähmt.
Fest gebunden durch die Bande,
wo keiner von uns weiter geht.

Doch wer ist der, der weiß,
wie man auftaut das Eis,
damit die Liebe nicht erfriert,
sondern neues aus uns gebiert.

Nur wenn wir genau hinspüren,
dann fühlen wir auch das Band,
dass kann unsere Liebe dann führen
in ein neues Heimatland.

Doch wer ist der, der weiß,
wie man auftaut das Eis,
damit die Liebe nicht erfriert,
sondern neues aus uns gebiert.

In diesem Land kannst auch Du
in Deiner Seele finden Ruh,
um endlich dich zu spüren,
statt dich selbst in die Flucht zu führen.

Doch wer ist der, der weiß,
wie man auftaut das Eis,
damit die Liebe nicht erfriert,
sondern neues aus uns gebiert.

Auf verlorenem Posten?

Wenn nichts dafür zu sprechen scheint,
glaub´ ich an unsere Liebe.
Die Kraft die uns im Herz vereint,
weicht keinem deiner Hiebe.

Bin ganz allein mit dieser Sicht,
Du gibst mir keinen Grund,
weil du mir tief ins Herze stichst,
das jetzt schon voller Wund.

Ich halte fest, was noch kann sein
Und was auch du ersehnst,
ich lausche achtsam dort hinein,
wo Liebe neu entsteht.

Der Widerspruch nicht klar mir zeigt,
was du im Herzen willst.

Wenn du sagst „Nein" - zum „Ja" geneigt,
die Sehnsucht du mir stillst.

Doch wenn im „Ja" ein „Nein" du lebst,
dann bin ich bloß erschöpft.
Die Zeit nur zeigt, was du anstrebst,
wo ankommst du zuletzt.

Erstarrung

Es scheint zu schwer, um es zu tragen.
erstarrt hält es mich oft am Rand
des alten Lebens, statt zu wagen,
was längst mir reichen will die Hand:

Die Zukunft, die mich weiterdrängt,
auch wenn ich noch im Alten hänge,
jeder Moment mir Aufbruch schenkt,
wenn mir der Abschied bloß gelänge.

Ich brauche keine „Kopf-hoch!"-Slogans
auch „Es geht weiter!" hilft mir nicht,
mit leerem Herz erwach ich morgens
weiß nicht, wohin sich meine Seele richt´.

Auf mich bin ich zurück verwiesen –
ein Zustand, der auch fokussiert,
mit klarem Blick könnt ich erschließen,
was nicht mehr ist und nie sein wird.

Ich torkle zwischen Fakt und Sehnsucht,

träume, dass es noch anders sei,
in Wahrheit eine traur´ge Flucht
und ich verpass, was könnt befrei´n:

Stabilität und fester Grund,
zu dem ich mich entscheiden kann,
weil andere, in der Seele wund,
noch zaudern in des Schmerzes Bann.

Neubeginn?

Warum nicht einen Neubeginn
an einem andern Ort?
warum nicht mit neuem Sinn
gemeinsam leben dort?

Warum nicht einander sehen
mit Blicken frei von Schmerzen?
Warum nicht zueinander stehen,
verbunden tief im Herzen?

Warum nicht der Liebe glauben,
die einst uns zueinander führte?
Nicht länger uns berauben dess´n,
was Leben in uns schürte.

Warum nicht neu auf mich setzen?
Auf mich allein, der doch dein Mann?
Warum muss meine Seele schmerzen,
um zu erreichen, was nicht sein kann?

Zerrieben?

Scheint bloß im Außen die Gefahr,
die mich zerreibt seit einem Jahr?
Im Innern kämpfen doch Dämonen,
die dort schon seit Jahrzehnten wohnen.

Es ist ein Kampf um´s eigene Ich,
das nicht mehr bleiben will für sich,
wie es sich kennt zum Überdruss,
es macht mit sich gar selber Schluss.

Ein neues Ich sich da entfaltet,
mit seinem Handeln neu gestaltet,
was bislang nicht zum Ausdruck kam,
weshalb die eig´ne Liebe lahm.

Je mehr das Ich sich selbst verkannt,
lauter ward´s und dominant.
Es ist ein inneres Geschehen,
der Schmerz ward niemal ganz geseh´n.

Auch jetzt im Vorwurf ganz verzerrt,
die Seele kämpft, ganz ungehört.
Die Wirklichkeit ist eine Kraft,
die uns bequeme Sicht erschafft.

Ver-rückt

Jenseits des Gewohnten,
und jenseits des Respekts
    triffst Du den Geschonten,
    den nieder Du gestreckt.

Unklar Deine Worte,
und unklar auch Dein Tun
    spaltest Du die Orte,
    an denen wir sonst ruh´n.

Schwarz Deine Gedanken,
und schwarz auch, was du planst,
    ständig tust Du richten,
    was Du nicht lieben kannst.

Weiß scheint Dir das Neue,
und weiß, wo du verlässt,
    was uns ohne Reue,
    in Freiheit bindet fest.

Was immer sie auch treiben,
die Teile, die in Dir,
    „verlassen" oder „bleiben"
    signalisieren mir,

mich kann das nicht vertreiben,
ich sehe deinen Kampf,
    wie Dich Optionen treiben,
    die Du nicht lassen kannst.

Das Pendel ist Dein Leben,
die Ruhe Dich verstört,
>   weshalb Du fort willst streben
>   vom Möglichen betört.

Es ist ein Leben im Dazwischen,
das Dein Normalmaß ist,
>   so kannst Du nicht entwischen,
>   das Bleiben scheint Dir trist.

Es quält mich, doch ich bleibe,
weil ich Dich klar erkenn,
>   im Selbst ich tiefe verweile
>   vor Verrücktheit nicht wegrenn.

Prinzip Hoffnung

Vielleicht bin ich naiv,
vielleicht bloß liebesstark.
Auf alle Fälle tief
im Herzen ich dich trag.

Ich halte an uns fest,
du lässt uns im Vielleicht.
Das andre hältst du fest,
damit es ja nicht weicht.

Deine Seele ist entzweit,
dein Blick ist sehr getrübt.

Treibst du es viel zu weit,
im Lügen ungeübt.

Einer sieht dein Leiden,
und weiß, wie es dich treibt,
weiß, dass du willst meiden,
was deine Seel´zerreibt.

Noch bist du seelenblind,
und sucht im Außen nur,
was ein verzweifelt Kind,
dereinst als Schmerz erfuhr.

Ich kann es nicht erzwingen,
was in dir nicht sein kann,
mir kann nur das gelingen:
bei dir sein als dein Mann.

Nicht weichen, wenn es schwer ist,
in Liebe fest vertrau´n,
darauf dass du auch die bist,
mit der ich neu aufbau.

Teil 3

Lösungen

Gezeiten

Die Liebe ist oft Flut,
manchmal ist sie auch Ebbe.

Sie ist nicht bloß Gefühl,
bisweilen auch Erinnern.

Sie ist nicht nur Aufbruch,
sondern auch Treue und Hoffnung.

Sie ist nicht bloß Vertrauen,
sondern manchmal auch Verstand.

Sie ist Sicherheit und Bedrohung,
manchmal auch Einsamkeit und Schutz.

Sie verletzt nicht, sondern schont,
ist Wahrheit und bisweilen Lüge.

Sie wiederholt nicht, sondern sorgt sich,
Sie beginnt immer wieder neu.

Grenzen

Ich kenne meine Grenzen,
        doch sind diese offen.
        Ich lasse dich hinein –
        stets wieder voller Hoffen!

Wo stärke ich mich selbst?
Wie grenze ich mich ab?
Wie weit ziehe ich mich zurück?

In mir ist eine Trutzburg,
    in die du nie gelangst.
    An dieser wirst du scheitern –
    auch wenn ich voller Angst!

Sie darf ich nicht verlassen,
    ich wäre sonst nicht ich.
    Wenn du auch sie durchbrächest –
    suchend eigenes Ich!

Ich führe nur Schlachten,
    die sich lohnen
    und weiche auch zurück –
    besonnend darauf achtend,
        dass nicht zerstört mein Glück.

Und doch bin ich eng bei mir,
    durchspürend, was geschieht,
    bereite vor den Ausbruchskampf –
    wenn meine Seel´ entflieht.

Tristan

Tristan, warum folgst du mir?
Lässt mich kaum alleine gehen,
läufst wie ein verwundet Tier,
dessen Schmerzen nicht vergeh´n.

Derweil gibt es keinen Grund,
so gebückt daher zu schreiten,
als drohe stets der Höllenschlund,
um gar bald hinein zu gleiten.

Es ist doch bloß eine Marotte,
dass du grau die Welt dir malst.
Sie umhüllt dich wie Klamotten,
die du gar nicht tragen magst.

Leg sie ab, sie sind nicht Deine,
entnommen aus ´nem alten Schrank,
du bräuchtest sie´ne Nummer kleiner,
weil du lebendig noch und schlank.

Du kannst sie lernen die Lektionen,
wie alte Kleider an uns kleben.
die Sie dir gaben, nicht mehr schonend!
Sie nahmen Dir dabei vom Leben.

Brauchst keine Rache an Tristan,
nur neue Kleider und auch Freude.
Tristan tat nur, was er kann,
kennt nicht die wahre Lebensfreude.

Die Freude ist stets naheliegend,
sie braucht keine Berechtigung.
Sie ist die Schwester jeder Liebe,
nicht Vorwurf, nicht Orientierung.

Für mich, der ich noch hoffe

Für mich, der ich noch hoffe[8],
auf eine bessere Zeit,
schlage ich die Gitarre
und sage, was in mir schreit.

Ich glaube nicht an die Liebe,
denn sie schützt nicht vor dem Hiebe,
zu dem du ausgeholt.

Mir helfen nicht Illusionen,
Klarheit ist´s, die sich kann lohnen,
kein Warten in Demut und Geduld.

Für mich, der ich noch hoffe,
auf eine bessere Zeit,
schlage ich die Gitarre
und sage, was in mir schreit.

Ernüchternd wie eine kalte Dusche
Im Fieberwahn

---

[8]   Überdichtung eines Liedes von Gerulf Panach
(24.6.48-3.5.1998) und Christian Kunert (geb. 1952) – zwei
ostdeutschen Liedermacher.

Will ich nicht mehr ohne Grund
warten, warten, warten.

Für mich, der ich noch hoffe,
auf eine bessere Zeit,
schlage ich die Gitarre
und sage, was in mir schreit.

Für mich, der ich noch hoffe,
auf eine bessere Zeit!

Unentschiedenheit

Die Unsicherheit deiner
        Unentschiedenheit
quält meine Seele,
sie kann dem bloß selbst
ein Ende bereiten.

Doch ich bin auch unentschieden,
        weil du mir Hoffnung lässt,
während du gleichzeitig
in Alternativen lebst,
die mir Angst machen.

So lebe ich in der Angst,
        in mir lebt die Angst,
die alt ist
in ihrem Ausdruck,
aber neu
in ihrer Tiefe.

Der Krebs

Er möchte, dass Du lebst:
     der Krebs

Vielleicht hast Du's bislang versäumt,
dich viel zu selten aufgebäumt,
nicht in dem eignen Ton gelebt,
an Illusionen fest geklebt.

Jetzt fordert er die ganze Kraft,
die Du in Deiner Seele hast.
Lass alles andere fahr'n dahin,
was doch schon lange ohne Sinn

Es zählt allein, wie Du sie nutzt,
die Lebenszeit als einzgen Schutz!
Nichts gar auf morgen stets verschiebst,
den Tag, an dem Du selbst dich liebst.

Verfolge keinen Phantasien,
was sein könnt, ist noch nie gediehen
Schau nüchtern auf's „was ist".
Nur so lebst du, was nicht zerfrisst.

Die Motte

Es zieht sie tief ins Licht
und ins Verderben.
Sie weigert sich *nicht,*
darin zu sterben.

Versengt im Lichte zu vergehen,
hoffend, dass dort Erfüllung sei,
im Herzen doch nicht zu verstehen
wie dieser Flug sie nicht befreit.

Er bringt den Tod, nicht die Erfüllung.
Ganz langsam sie dorthin entgleitet
Wo Sehnen ist und nicht Enthüllung
der Lügen, die sie fehlgeleitet.

Vertraute fest in das Ersehnte:
die Motte, die getäuscht verglüht.
Wer sich dazu berechtigt wähnte,
hat sie verführt – selbst abgebrüht.

Hat das Verbindende verraten,
sich selbst zum Opfer stilisiert,
um leichter noch einmal durchzustarten,
dem Andern dadurch Not gebiert.

Der weiß jetzt einfach nicht mehr weiter,
verzweifelt an der Umdeutung,
die alles andere als heiter
das Opfer münzt zum Täter um.

Der Motte bleibt bloß die Vermeidung
des Lichts und seiner Attraktion,
sie braucht zur eignen Seelenrettung
die Kraft eigener Vision.

Dann hört sie auf aufs Licht zu starren,
verlässt Lügengebäude jetzt,
vermag nicht länger auszuharren,
um fortzusetzen was verletzt.

Die Vorsicht

Die Vorsicht ist ein guter Freund,
sie kann vor Täuschung uns bewahren.
Wenn uns´re Illusion aufschäumt,
hilft sie mit diesem Blick, dem klaren.

Die Vorsicht hält uns auch gefangen
in dem Vertrauten, das wir schützen.
Nur Wiederholung wir erlangen
und fragen dann: Wem mag das nützen?

Gelobt sei deshalb Unvorsicht,
wenn wir Bekanntes lassen los,
damit in einem neuen Licht
erscheinen kann, was vielleicht groß:

Behutsam neue Wege gehen,
nicht länger warten, bis dem Glück

wir selbst nicht mehr im Wege stehen,
voran uns trauen Schritt für Schritt.

Wir wissen nie, wie sich uns zeigt,
was mögliche Beziehung sei.
Gestalten selbst, wenn nicht mehr weit
ein Mensch, der in der Seele frei.

Oft zeichnen wir sein Bild in Farben,
die unserer Farbpalette folgen,
verkennen ihn durch unsere Narben
und sehen, was wir sehen wollten.

Sei voller Vorsicht mit den Bildern,
die deiner eignen Seel entstammen,
sonst scheust du vor zu vielen Schildern
und kannst in Liebe kaum entflammen.

Der Opportunist

Er nützt, was sich ihm bietet, aus,
um selbst zu profitieren gar.
Den Freund beraubt er um´s Zuhaus,
folgt Deutungen, die doch nicht wahr,

nur nützlich jetzt im Raume stehen,
wenn Unrecht dadurch scheint gerecht,
kann er dem Egoismus fröhnen,
der einen anderen zerbricht.

Skrupel trägt im Herz er keine,
statt Ehre folgt er Eigennutz,
in seiner Seele nichts als Steine,
die einst ihn ziehen in den Sumpf

des Ekels vor dem eignen Leben,
wenn er mit leeren Händen dann,
bestürzt erkennt, wie all sein Streben,
ihn ehrlos machte, nicht zum Mann.

Er nutzte aus, was sich ihm bot:
Die Krise eines and´ren schlau,
verriet den Freund, ganz ohne Not,
im Eigennutz erstaunlich rau.

Und zeigte dadurch doch zugleich,
wes Geistes Kind im Herz er war!
Dass seine Bindungskraft zu seicht,
das wurd´ auch andern schließlich klar.

Auf diesem Weg sich untergräbt,
was Opportunist´n für Liebe halten.
Im Kern wird Selbstbezug gelebt,
der ihre Seele lässt erkalten.

Am End´ misslingt die Strategie,
auch die Geliebte dies erspürt,
wie selbstbezog´ne Nostalgie
nicht länger mehr ihr Herz berührt.

Dann wird allein er dereinst sterben,
erdulden, was er andren tat,

wird blicken auf des Lebens Scherben,
die ehrlos machten ihn und hart.

Der Ausstieg

Ich steige aus,
weiß nicht wohin:
ein andres Haus,
ein andrer Sinn?

Nicht mehr haften
an Vergang´nem,
nur verkraften,
was geschehen.

Ich steige aus,
ganz ohne Halt,
winde mich raus,
wo Seelen kalt.

Dem Schwarz und Weis
ich mich entspüre,
auf einer Reis´,
die zu mit führe.

Der Eigenweg

Der Eigenweg
ist oft verstellt
manchmal recht schräg
und nicht erhellt.

Bisweilen auch
Nur schwer zu finden
im dichten Strauch
sich dunkel windend.

Und doch: er ist
Und liegt bereit
Wer du bist
ist gar nicht weit.

Du musst ihn gehen
den ersten Schritt
lass es gescheh´n
und nimm dich mit!

In der Bewegung
kannst du spüren,
welche Segnungen
dich küren:

Bist bei Dir,
nicht bei dem Zwang,
im Geschirr,
aufrecht im Gang.

Spürst das Leben
in dem Sein
bleibst nicht kleben
und nicht allein.

Kannst in Ruhe
werden alt
in eignen Schuhen
tief im Wald

im Einklang
mit der eignen Seele
ohne den Zwang
dass nicht geschehe

was tief im Herzen
du doch spürst:
mit deiner Lebenskerze
du berührst.

Ohne Angst

Lass deine Angst gehen,
dann kann viel geschehen:
Leben kann sich entfalten,
es kann einfach entstehen.

Lass deine Sorgen einfach sein,
du bist im Leben nicht allein.
Auch Schlimmes wiederholt sich nicht,
du kannst einfach sein.

Achte darauf, was du willst,
wie deine Sehnsucht du dir stillst,
auch darauf, was dem Andern wichtig,
damit die Liebe sich erfüllt.

Wege

Heh Du, Du kommst mir nah[9],
viel zu nah, denn: ich bin verletzt noch.
Wenn Du meine Grenze mir durchbrichst,
lande ich im Nichts
verpasster Rettung.

Heh Du, Du liebst mich sehr,

---

[9]   Überdichtung des Paul McCartney-Songs „Hey Jude"
(1968)

Du willst ein Leben an meiner Seite.
Doch kann ich dem Alten nicht entflieh´n,
denn dies tut mich zieh´n
in vergang´ne Zeiten.

Die Unverbindlichkeit Du spürst,
heh Du, mich rührt,
wie Du verfrüht
mir tief begegnest.

Weißt du nicht,
dass Du zerbrichst,
wenn Du versprichst,
nur abzuwarten?

Heh Du, ich tu dir weh,
wenn ich nicht gehe an Deine Seite.
Es wohnt noch immer tief in mir,
ein Sehnen, das nicht Dir,
sondern ihr gilt.

Heh Du, komm lass es sein,
ich bin nicht der, den Du erwartest.
Erst, wenn Du im Herzen dies verstehst,
willst du dass du gehst,
um anzukommen.

Du kehrst zurück

Nachdem ich lange hab gerungen,
wendest du dich mir zu.
Am Ende ist mir gelungen,
zu siegen aus der Ruh.

Der Sieg hat aber Kraft gekostet:
Meine Liebe ging dahin.
Im Kämpfen völlig eingerostet,
wie bei Phyrros ohne Sinn.

Ich denk: Das kann erneut entstehen,
auch wenn es dauern mag.
Entscheidend ist, still anzusehen,
was uns noch trennt vom Sarg.

Vielleicht gelingt es anzuschließen,
an dem, was dereinst war.
Als ob sich ganz verbannen ließe,
was mir durch Dich geschah.

Auch dass Du nur bedingt bereit,
mich von mir weg ziehn willst,
zeigt mir, dass Du noch ein´ge Zeit
dein Herz vor mir verhüllst.

Dabei lös´ ich mich völlig auf,
verliere allen Halt.
Es raubt mir meines Lebens Lauf
und macht die Seel´ mir kalt.

Du bist dann zwar bei mir geblieben,
doch eigentlich bei dir.
Mir wird die Heimat weggerieben,
wobei ich ganz erfrier.

Indem ich deutlich fokussiere
Und sehe, was da ist.
Kann ich auch besser reagieren,
wenn Sehnsucht mich zerfrisst.

Klarheit

Manchmal ist's klar in meinem Herzen,
manchmal trägt es mich von ihm fort,
dann weiche ich vor all den Schmerzen
und fliehe nicht zum sich'ren Ort.

Dann bricht entzwei, was ich bisweilen,
in mir als tragend' Kraft erspürt.
Will rasch in das Vertraute eilen,
das mir die Lebenskraft abschnürt.

Bin längst dann nicht mehr, wer ich sein kann,
verkümmere zur alten Form.
Bleib Kind und werd' auch nicht zum Mann,
der sich nicht kümmert um die Norm.

Ich stehe auf, um fortzuschreiten,
fliehe zu mir und breche auf.
Will nicht mehr weiter mit mir streiten,

und lasse zu der Dinge Lauf.

Doch immer wieder bäumt in mir sich
die Seelenkraft gewaltig auf,
dann sehe ich, wie doch unglaublich
ich dulde, was mich längst verkauft.

Ich löse mich dann von den Bildern,
die man bequem mir überstülpt.
Und lasse nicht weiter in mir wildern,
was mir den nüchter'n Blick vertrübt.

Wende mich klar gegen das Alte,
bei dem ich mich nicht spüren kann.
Blicke nicht länger auf das Kalte,
das Opportune, kaum getarnt.

Ich stehe auf, um fortzuschreiten,
fliehe zu mir und breche auf.
Will nicht mehr weiter mit mir streiten,
und lasse zu der Dinge Lauf.

Um eigne Schuld gut zu verhüllen,
ihr aus dem Vorwurf neu gebärt,
was ihr könnt mir entgegenbrüllen,
verhindern, dass sichs endlich klärt:

Dass dieses Bild, das ihr tut pflegen,
mit mir gar nichts zu tuen hat.
Entstammt es doch nur eurer Seele,
die selbst nicht wusste, was sie tat.

Ich bin nicht der, den ihr tut malen,
in grauen Farben, bloß um zu sehen,
was sich als Vorwand könnte auszahlen,
um zu begründen, was geschehen.

Ich stehe auf, um fortzuschreiten,
fliehe zu mir und breche auf.
Will nicht mehr weiter mit mir streiten,
und lasse zu der Dinge Lauf.

Für Dich

Als ich Dich traf
War ich verbrannt
Völlig erschlafft
Beurteilt, verkannt.

Wie warmer Regen
Wirkte Deine Liebe
Ein wahrer Segen
Nach all den Hieben.

Allmählich erstarkt
In dem was ich bin
Und wieder autark
Mit eigenem Sinn.

Kann ich sie leben
Unsere Liebe?
Und dir das geben

Was übrig bliebe?

An restlicher Zeit
Die uns rasch zerinnt
Es ist nicht mehr weit
Den Mut ich schwer find.

Zu eng umschlungen
Im Leben ich steh
Zu oft besungen
Ich hoffend vergeh.

Statt tief zu vertrau´n
Und bei dir zu sein
Neu zu erbauen
Was mein sei und dein.

Ein anderes Wort
Erwartest von mir
Um an neuem Ort
Kannst nah sein bei mir

Deine Liebe ist
Ruhig und besonnen
Wo immer du bist
Sie hat mich gewonnen.

Worte ohne Halt

Worte ohne Halt
kraftlos und kalt
auch ohne Resonanz
schaffen bloß Distanz

nur das Gelebte
markiert das Erstrebte
nicht das Geräusch
das uns enttäuscht

einmal gesprochen
kommt sie gekrochen
meine Deutung
nicht deine Häutung

Im Kern allein
meine Hoffnung klein
groß das Verlangen
neu anzufangen

Liebe ich höre
selbst mich betöre
versenge mich selbst
weil du mir fehlst

Dein Vielleicht
trocken und leicht
wend′ ich zum Ja
deutlich und klar

Das gibt mir Halt
im dunklen Wald
des Nichtredens
und Scheinlebens.

Bei mir

Im Nebel des Versunk´nen
finde ich mich bei mir
und seh´die Zeit,
die bleiben wird,
im Lichte eines Wir.

Zwar weiß ich nicht,
wohin ich geh,
doch spüre ich genau,
selbst wenn ich
bei dir bleiben werd´,
mein Liebesmut ist lau.

Er kühlte ab allmählich
als ich nicht fassen konnt´,
wie mich verwarf so schmählich
wo ich mich wähnt´ geschont,
geliebt und auch umfangen
da ist er fortgegangen.

Geblieben ist ein scheuer Blick
auf das, was übrig war,
als doch am Ende eingeknickt,
was sich aus einem Nein gebar.

Zeitfracht Medien GmbH
Ferdinand-Jühlke-Straße 7
99095 Erfurt, Deutschland
produktsicherheit@kolibri360.de